Zwerghamster

AUTOR: PETER FRITZSCHE | FOTOGRAFIN: CHRISTINE STEIMER

Inhalt

So sind Zwerghamster

Mit seinem aufmerksamen Blick wirkt ein Zwerghamster auf uns einfach unwiderstehlich. Doch der kleine Kerl hat auch Ansprüche. Überlegen Sie deshalb gut, ob er zu Ihnen passt. Ein Tier zum Kuscheln ist er nicht. Macht es Ihnen aber Spaß, ihn bei seinen Aktivitäten zu beobachten, kann er das ideale Heimtier für Sie sein.

Singles mit Ansprüchen

Mit seinem großen Bruder, dem Goldhamster, hat alles angefangen. Seit dieser 1946 in Deutschland eingeführt wurde, hat er viele Kinderzimmer erobert. Auch unter den Erwachsenen hat er immer mehr Freunde gewonnen. Dadurch war dem Zwerghamster der Weg geebnet: Als die ersten kleinen Nager im Zoofachhandel auftauchten, wurden sie von den Hamsterfreunden mit Begeisterung begrüßt. Sie sahen ihrem großen Bruder nicht nur ähnlich, sondern waren auch ähnlich leicht zu pflegen. Allerdings muss man ihre Bedürfnisse und Eigenheiten ganz genau kennen, um sie artgerecht zu halten.

Wendig und nachtaktiv

Wie alle Hamster sind Zwerghamster meist Einzelgänger. Die kleinen Gesellen haben keine Probleme mit dem Single-Dasein und legen – besonders außerhalb der Fortpflanzungszeit – keinen Wert auf Gesellschaft. Allerdings scheint es Ausnahmen zu geben, und neue Erkenntnisse lassen die Tiere in etwas anderem Licht erscheinen (→ Seite 12). Trotzdem sollten Sie genau überlegen, ob ein Zwerghamster wirklich zu Ihnen passt.

> Ein Zwerghamstermännchen wiegt höchstens 50 Gramm. Wegen der geringen Größe und ihrer Wendigkeit sind die Tiere schnell entwischt. Außerdem lassen sie sich nicht gerne in die Hand nehmen.

> Zwerghamster sind dämmerungs- und nachtaktiv. Sie brauchen tagsüber Ruhe.

> Zwerghamster werden nicht alt: Sie leben maximal drei Jahre lang.

Zwerghamster sind deshalb für Kinder unter zwölf Jahren ungeeignet. Wenn Sie oder Ihre Kinder im Teenager-Alter jedoch Rücksicht auf die Bedürfnisse des Nagers nehmen und es lieben, sein Verhalten zu beobachten, ist er ein faszinierendes Heimtier.

Die Welt der Hamster

Zwerghamster ist nicht gleich Zwerghamster. Weltweit gibt es etwa 20 Hamsterarten, darunter 16 Zwerghamsterarten, von denen aber wiederum nur vier als Heimtiere gehalten werden. Weil sie sich in ihren Ansprüchen und ihrem Verhalten leicht unterscheiden, ist es wichtig, die genauen Namen dieser Arten zu kennen. Ohne ein wenig wissenschaftliche Namenskunde geht es deshalb nicht. Aber keine Angst: Das sieht komplizierter aus, als es ist. Für jedes Tier und jede Pflanze auf der Welt gibt es einen einheitlichen wissenschaftlichen Namen. Er besteht aus mindestens zwei Wörtern: dem Gattungsnamen und dem Artnamen. Manchmal werden Arten noch in Unterarten aufgeteilt, dann käme noch ein dritter Name hinzu. Weil diese wissenschaftlichen Namen weltweit gültig sind, weiß jeder Tier- oder Pflanzenfreund, welche Art gemeint ist, wenn er den wissenschaftlichen Namen kennt.

Die Hamsterfamilie

Doch zurück zu den Hamstern: Hamster sind Säugetiere und gehören innerhalb dieser Gruppe zur größten Ordnung, nämlich zu den Nagetieren. Die Nagetiere werden wiederum in vier Unterordnungen unterteilt. Hier gehören die Hamster – wie Mäuse oder Ratten – zu den Mäuseverwandten. Die nächstniedere Kategorie ist die Familie, Hamster zählt man zur Familie der Wühler. Dazu gehören neben den Hamstern zum Beispiel noch die Wühlmäuse und die Neuweltmäuse, die in Amerika zu Hause sind. In dieser Familie bilden die Hamster eine Unterfamilie, zu der neun verschiedene Hamstergattungen mit rund 20 Arten gehören.

› Die bekannteste und am häufigsten als Heimtier gehaltene Art ist der Goldhamster. Er heißt mit wissenschaftlichem Namen *Mesocricetus auratus* und lebt wild in Syrien und der Südtürkei.

› Kennen sollte man auch den bei uns heimischen Feldhamster *Cricetus cricetus*. Es ist der größte lebende Hamster und wird bis zu 28 cm groß. Besonders auf Getreidefeldern war er früher häufig. Wegen seines »Hamsterns« wurde er jedoch von den Bauern stark verfolgt. Inzwischen steht er unter Naturschutz und ist nicht mehr vom Aussterben bedroht. Bei den als Heimtieren gehaltenen Zwerghamstern unterscheidet man folgende Arten:

Zwerghamster-**Kollegen**

Viele Zwerghamsterarten werden bislang nicht als Heimtiere gehalten. Einige Stellvertreter:

GRAUE ZWERGHAMSTER (Gattung *Cricetulus*, neun Arten): Der Graue Zwerghamster *C. migratorius* kommt mit verschiedensten Lebensräumen zurecht und ist von Asien bis Europa (Griechenland, Bulgarien, Rumänien) verbreitet.

MITTELGROSSE ZWERGHAMSTER (Gattung *Allocricetulus*, zwei Arten): Eversmanns Zwerghamster (*A. eversmanni*) lebt in Kasachstan. Er ist schlank und hat große Augen. In Gefangenschaft ist er ziemlich bissig und schwer zu züchten.

RATTENARTIGE ZWERGHAMSTER (Gattung *Tscherskia*, eine Art): Der Rattenartige Zwerghamster (*T. triton*) aus Ostasien wird bis zu 26 cm groß, sein Schwanz bis zu 10 cm. Er gleicht eher einer Ratte.

Goldhamster gehören wohl mit zu den am häufigsten gehaltenen Kleintieren. Sie sind eng mit den Zwerghamstern verwandt.

Der Roborowski-Zwerghamster ist die kleinste Hamsterart. Dies ist auch ein Grund, warum er erst Ende des 19. Jahrhunderts entdeckt und beschrieben wurde.

> Campbells Kurzschwanz-Zwerghamster: *Phodopus campbelli* (→ Seite 16)
> Dsungarischer (oder Dshungarischer) Kurzschwanz-Zwerghamster: *Phodopus sungorus* (→ Seite 16)
> Roborowski-Kurzschwanz-Zwerghamster: *Phodopus roborovskii* (→ Seite 17)
> Chinesischer Streifenhamster: *Cricetulus griseus* (→ Seite 17).

Darüber hinaus gibt es noch weitere Zwerghamsterarten (→ Info, links).

Wenn sich der Name ändert Will man ganz exakt sein, wird hinter dem zweiteiligen Artnamen in Großbuchstaben noch der Name des Wissenschaftlers angegeben, der die Art zuerst beschrieben und benannt hat. Auch das Jahr dieser Erstbeschreibung wird genannt. Zum Beispiel heißt der Dsungarische Kurzschwanz-Zwerghamster mit seinem ganzen wissenschaftlichen Namen *Phodopus sungorus* (PALLAS, 1773). Aber warum steht der Name des Erstbeschreibers manchmal in Klammern? In man-

chen Fällen stellt es sich später heraus, dass die jeweilige Art eigentlich in eine andere Gattung gehört als in die, in die der Erstbeschreiber sie gestellt hat. Dann bekommt das Tier einen neuen Gattungsnamen, der Artname wird aber beibehalten und der Name des Erstbeschreibers in Klammern gesetzt. So hieß zum Beispiel der Dsungarische Zwerghamster bei Herrn Pallas, als er ihn 1773 zum ersten Mal beschrieb, *Mus sungorus*.

Verwirrend ist, dass in englischen oder amerikanischen Veröffentlichungen Campbells Zwerghamster meist »Djungarian hamster«, unser Dsungarischer Zwerghamster meist »Siberian hamster« und der Roborowski-Zwerghamster meist »desert hamster« heißt. In anderen Sprachen gibt es wieder andere Namen. Sie sehen also: Es lohnt sich, sich über die wissenschaftlichen Namen zu informieren. Umgangssprachlich hat es sich bei uns aber eingebürgert, allgemein von Zwerghamstern zu sprechen, wenn es um Kurzschwanz-Zwerghamster geht, und so wollen wir es in diesem Buch auch halten.

Wie die Zwerghamster zu uns kamen

Während zum Beispiel Meerschweinchen, die aus Südamerika stammen und den Indios als Fleischlieferanten dienten, schon im Mittelalter in Deutschland als Heimtiere gehalten wurden, haben Hamster erst im 20. Jahrhundert Einzug in unsere Wohnungen gehalten. Zwerghamster werden sogar erst seit etwa 30 Jahren als Heimtiere gepflegt. Die ersten Kenntnisse von Zwerghamstern verdanken wir dem Naturforscher Peter Simon Pallas aus Berlin. Er wurde von der russischen Zarin Katharina II. an die Petersburger Akademie der Wissenschaften berufen. Als Professor für Naturgeschichte unternahm er von 1768 bis 1774 lange Forschungsreisen nach Südrussland, um die dortigen Sitten und Gebräuche sowie die Pflanzen und Tiere zu beschreiben. Sein Reisebericht umfasst mehrere Bände mit insgesamt etwa 2000 Seiten. Zusammen mit seinem Studenten Nikita Petrowitsch Sokolow entdeckte er 1772 nördlich des Kaspischen Meeres den Dsungarischen Zwerghamster, den er *Mus sungorus* nannte – nach der Dsungarei, einer Region in Zentralasien, die heute zu China gehört.

Ein Campbell-Zwerghamster in seiner Heimat Kasachstan in freier Natur. Er lebt dort auf solch sandigen Flächen mit wenig Pflanzenwuchs.

Campbells Zwerghamster wurde zuerst von dem britischen Zoologen Oldfield Thomas im Jahre 1905 als Art beschrieben. Er ist dem Dsungarischen Hamster sehr ähnlich, hat sein Hauptverbreitungsgebiet weiter östlich in der Mongolei, kommt aber auch im äußersten Süden Russlands und in China vor. Thomas nannte diesen Zwerghamster zunächst *Cricetulus campbelli*. Der Gattungsname *Phodopus* wurde erst fünf Jahre später eingeführt. Die Bezeichnung kommt aus dem Griechischen und ist abgeleitet von »phos«, was »Blase«, und »pous«, was auf Deutsch »Fuß« heißt. Damit sind die Polster gemeint, die die Tiere an der Unterseite der Pfoten haben. Der Artname *campbelli* wurde zu Ehren von Herrn Campbell vergeben, der im Jahre 1902 die ersten Tiere in der Inneren Mongolei gefangen hatte.

Zum ersten Mal in Deutschland

Ende der 1960er Jahre wurden diese beiden Zwerghamsterarten zu Forschungszwecken nach Deutschland eingeführt. Da sich Dsungarischer und Campbells Zwerghamster sehr ähnlich sehen, dachte man zunächst, dass Campbells Zwerghamster nur eine Unterart des Dsungarischen Zwerghamsters sei. Er wurde deshalb *Phodopus sungorus campbelli* genannt. Erst 1979 merkte man, dass sich die Tiere zwar miteinander paaren, zumindest ihre männlichen Nachkommen aber keinen Nachwuchs zeugen können. Seit 1984 gilt Campbells Zwerghamster deshalb als eigenständige Art und heißt wissenschaftlich *Phodopus campbelli*.

Den Roborowski-Zwerghamster *Phodopus roborovskii* benannte im Jahr 1903 der russische Wissenschaftler Konstantin A. Satunin nach Wsewolod I. Roborowski, der zusammen mit seinem Kollegen Pjotr K. Koslow ein Weibchen im Nordosten Chinas gefangen hatte. Durch den Tierpark Berlin wurde diese Art in Deutschland eingeführt.

Der Chinesische Streifenhamster schließlich kam erst im Jahr 1971 nach Deutschland. In anderen Ländern wurde er bereits seit langem als Versuchstier gehalten. Auch er stammt aus der Mongolei und dem Norden Chinas.

Der Chinesische Streifenhamster hat Talent zum Klettern, und er muss unbedingt einzeln gehalten werden.

Zwerghamster und **Kinder**

TIPPS VOM
HAMSTER-EXPERTEN
Peter Fritzsche

Grundsätzlich gilt: Heimtiere dürfen nie ein Über-raschungsgeschenk sein! Vor allem Zwerghams-ter sind keine Kuscheltiere für kleine Kinder.

STRESS Es braucht viel Zeit, um Zwerghamster an die Hand des Pflegers zu gewöhnen. Kleine Kinder sind damit überfordert. Auch sind die Tiere sehr wendig. Es bedeutet großen Stress für sie, wenn Kinder immer wieder nach ihnen greifen.

VERSTÄNDNIS Erst mit elf bis zwölf Jahren kön-nen Kinder die Eigenheiten der Tiere erkennen und Verantwortung übernehmen. Für sie kann es interessant sein, deren Verhalten zu beobachten.

RESPEKT Erklären Sie Ihren Kindern, dass sie das Tier zu nichts zwingen dürfen. Auch sollte man niemals ungeeignete Spielzeuge – auch wenn sie der Handel für Hamster anbietet – ins Gehege setzen.

VORBEREITUNG Informieren Sie sich mit Ihren Kindern vor dem Kauf ausführlich über die Tiere. Dann darf Ihr Nachwuchs seinen Pflegling selbst aussuchen. Aber vergessen Sie nicht: Die letztli-che Verantwortung für das Tier tragen immer Sie!

Das Leben in einer rauen Welt

Zwerghamster kommen vor allem in Steppen, Halb-wüsten und Wüsten Kasachstans, der Mongolei und Nordchinas vor. Das dortige Klima unterscheidet sich stark von unserem: Es ist trockener und im Winter kälter als in Deutschland. Bereits im Oktober treten Minusgrade auf, und in den kältesten Monaten Januar und Februar zeigt das Thermometer im Durch-schnitt −14 °C. Oft wird es sogar kälter als −20 °C. Wichtig ist dabei, dass es trocken bleibt, denn bei feuchter Kälte leiden die Tiere oft unter Parasiten. Trotz der rauen Winter halten Zwerghamster – an-ders als Goldhamster – keinen Winterschlaf. Durch ihre geringe Körpergröße ist dies nicht möglich. Sie sind auch im Winter aktiv und laufen auf dem Schnee umher. Um vor Feinden geschützt zu sein, wechselt der Dsungarische Zwerghamster im Win-ter sogar seine Fellfarbe. Wenn die Tage kürzer wer-den und die Temperaturen sinken, wird sein Fell immer weißer. Campbells Zwerghamster und der Roborowski-Zwerghamster leben dagegen mehr in sandigen Wüstenregionen. Vor allem Letzterer ist mit seiner Fellfarbe an diesen Lebensraum gut angepasst. Alle Zwerghamster sind überwiegend nachtaktiv. Sie ernähren sich hauptsächlich von den Samen verschiedener Pflanzen, fressen aber auch Insekten wie Heuschrecken oder Käfer.

Sicher im Bau Zwerghamster bewohnen einfache unterirdische Baue, die einen oder mehrere Aus-gänge besitzen. Manchmal haben sie nur eine Nestkammer. Oft legen sie diese nicht selbst an, sondern benutzen verlassene Baue anderer Tiere. Hier finden sie Zuflucht vor Feinden wie Greifvögeln und Eulen. Auch Wiesel, Iltis oder Fuchs stellen ihnen nach. Leider sind Zwerghamster im Vergleich zu ihren Feinden nicht sehr schnell und werden oft geschnappt, bevor sie den Bau erreichen.

Zwerghamster als Heimtiere

Die Lebensweise der Zwerghamster in den kargen Wüsten und Steppengebieten bringt es mit sich, dass sie nicht sehr anspruchsvoll und deshalb ziemlich leicht zu halten sind. Dieser Umstand sowie ihr drolliges Wesen sind sicher der Grund dafür, dass sie immer mehr Liebhaber finden. Trotzdem müssen Sie die Bedürfnisse Ihrer kleinen Mitbewohner sehr gut kennen, um sie artgerecht halten zu können.

Platz und Zeit Zwerghamster benötigen nicht sehr viel Raum. Wenn Sie wenig Platz haben, reicht ein mindestens 60 cm langer Käfig aus (→ Seite 22). Bei der Haltung in solch einem relativ kleinen Käfig sollten Sie aber einen eingezäunten Freilauf einplanen (→ Seite 56/57). Im Gegensatz zum größeren Goldhamster können Zwerghamster auch in genügend großen Aquarienbecken gehalten werden. Als Zeitaufwand für die Pflege sollten Sie mit etwa 20 Minuten pro Tag rechnen. Es ist nicht nötig, den Käfig so häufig zu reinigen wie bei größeren Heimtieren. Aber natürlich müssen Sie das Tier täglich mit frischem Futter und sauberem Wasser versorgen. Wichtig ist außerdem der tägliche kleine Gesundheitscheck.

Der Idealfall Weil Zwerghamster es nicht besonders mögen, in die Hand genommen zu werden, und man nur mit viel Geduld ihr Vertrauen gewinnt, ist es ideal, wenn Sie sich ein Tier wünschen, das Sie in erster Linie beobachten möchten und an-

sonsten in Ruhe lassen. Umso besser, wenn Sie dafür in erster Linie in den Abendstunden Zeit haben. Schließlich werden die kleinen Nager dann erst so richtig munter.

Eins sollten Sie jedoch bedenken, bevor Sie sich für einen Zwerghamster entscheiden: Die Tiere werden maximal drei Jahre alt. Sie werden sich also von Ihrem Pflegling gerade dann verabschieden müssen, wenn Sie sich so richtig an ihn gewöhnt haben.

Roborowski-Zwerghamster sind mit ihrer Fellfärbung an die sandige Umgebung ihrer Heimat angepasst. An den Boden gepresst, versuchen sie, nicht aufzufallen.

Das soziale Leben der Zwerghamster

Leider gibt es nicht sehr viele Erkenntnisse, wie es um das soziale Leben der Zwerghamster in freier Natur bestellt ist. Das liegt daran, dass sie in sehr unwirtlichen und wenig besiedelten Gegenden zu Hause sind. In neuerer Zeit begeben sich besonders russische Wissenschaftler auf Exkursionen. Trotzdem ist das Wissen noch sehr dürftig. Heute weiß man: Zwerghamster sind Einzelgänger. Sie scheinen jedoch nicht so streng solitär zu sein wie andere Arten. Als sicher gilt zudem, dass sich das Verhalten der Zwerghamsterarten unterscheidet:

> Chinesische Streifenhamster leben anscheinend immer allein. Nach der Paarung trennen sich die Partner, und die Mutter zieht die Jungen alleine auf.

> Beim Campbells und dem Roborowski-Zwerghamster kommt es vor, dass ein Paar gemeinsam einen Bau bewohnt. Besonders beim Roborowski-Zwerghamster haben Forscher kleine Gruppen beobachtet. Auch die Herkunftsregion scheint bei der Ausprägung des Sozialverhaltens eine Rolle zu spielen: Campbells Zwerghamster lebt in manchen Gegenden sozialer als in anderen.

> Der Dsungarische Zwerghamster scheint in seiner Lebensweise irgendwo zwischen dem Campbells und Roborowski-Zwerghamster zu liegen.

Zwerghamster-Forschung In einem Test in einer Forschungsgruppe an der Universität Halle-Wittenberge haben wir zwei Männchen und zwei Weibchen von Campbells Zwerghamster vier Nestboxen angeboten. In jeder Nestbox war eine Kamera installiert. So konnten wir genau beobachten, wer welche Box bewohnt. Nach einiger Zeit bildeten sich zwei Paare. Jedes bewohnte eine Nestbox. Zwei Nestboxen blieben leer. In den Boxen haben sich die Paare zusammengekuschelt und gemeinsam geschlafen. Nach einer Weile hat sich ein Paar allerdings wieder getrennt und bewohnt nun einzeln je eine Box. Unsere Forschungen ergaben auch, dass einige Weibchen und Männchen sehr wählerisch sind. Sie haben ihre eigenen Vorstellungen und akzeptieren nicht jeden Partner. Dies scheint besonders beim Dsungarischen Zwerghamster so zu sein. Es kann aber auch bei scheinbar harmonierenden Paaren der anderen Zwerghamsterarten plötzlich Streit geben. Leider haben wir es schon erlebt, dass morgens einer der Partner, meist das Männchen, tot im Käfig lag. In der freien Natur können die Tiere einander ausweichen. Im Käfig ist das leider nicht möglich! Das Fazit für die Heimtierhaltung: Halten Sie Zwerghamster immer allein (→ Seite 21).

Nur junge Zwerghamstergeschwister kommen mit dem Leben in der Gruppe zurecht. Mit zunehmendem Alter werden sie unverträglicher.

Die wichtigsten Zwerghamster-Arten **im Überblick**

	CAMPBELLS ZWERGHAMSTER	DSUNGARISCHER ZWERGHAMSTER	ROBOROWSKI-ZWERGHAMSTER	CHINESISCHER STREIFENHAMSTER
GEOGRA-FISCHE VER-BREITUNG	Mongolei, Altai-Gebirge, kleine Gebiete in Nordost-china	Steppen Westsibiriens und Ostkasachstans sowie der Krasnojarsk-Region am Jenissej	Ostkasachstan, Mongolei, östlich und westlich angren-zende Teile Chinas	Nordosten Chinas
LEBENS-RAUM	Halbwüste, Steppe, in den Jurten der Nomaden	Kaltsteppen, Halbwüs-ten, Weizen-, Alfalfa-felder, Wälder, Wiesen	Halb- und Sandwüs-ten; sandliebend	Halb- und Sand-wüsten; sand-liebend
ERNÄHRUNG IN DER NATUR	Pflanzensamen, Käfer	Pflanzensamen, Käfer, Heuschrecken	Gras- und Pflanzen-samen, Erbsenstrauch, andere Pflanzen, In-sekten, Schnecken	Grassamen
STOFF-WECHSEL IM WINTER	kein Winterschlaf; bei −10 °C Umge-bungstemperatur plötzliches Absin-ken der Körpertem-peratur auf 23,7 °C	kein Winterschlaf, aber Torpor: Aufplus-tern und Zusammen-kauern unter −20 °C, Körpergewicht und Nahrungsaufnahme sinken; weißes Winterfell	kein Winterschlaf, kein Torpor, Aktivität sinkt jedoch mit Anbruch der kalten Jahreszeit stark	kein Winterschlaf
WURF-GRÖSSE	bis 9 Junge, mittlere Wurfgröße 6 Junge	bis 12 Junge, mittlere Wurfgröße 6 Junge	3 bis 8 Junge, mittlere Wurfgröße 4 Junge	2 bis 12 Junge
BAU	4 bis 6 senkrechte und waagerechte Tunnel, die zur Nest-kammer führen; nutzt auch Baue der Wüstenrennmaus	mehrere waagerechte und senkrechte Röh-ren führen in einen Haupttunnel zusam-men; besetzen auch Baue anderer Nager	50–100 cm lange, fast gerade Röhre; erweitert sich am Ende zur kugelför-migen Nestkammer	Sommer: 50–100 cm lange senkrechte Röhre mit kugeliger Nestkammer am Ende, Winter: ver-zweigtes Bausystem
NESTKAM-MER (TIEFE)	25 bis 30 cm	35 bis 100 cm	ca. 100 cm	ca. 100 cm
LEBENS-DAUER	in Gefangenschaft zwei bis drei Jahre	in Gefangenschaft zwei bis drei Jahre	in Gefangenschaft bis zwei Jahre	in Gefangenschaft bis zwei Jahre

Anatomie und Sinne

Ohren

Hamster können sehr gut hören. Besonders auf hohe Töne reagieren sie sehr sensibel, und sogar im Ultraschallbereich nehmen sie noch Geräusche wahr. Die Jungen rufen beispielsweise mit sehr hohen, für uns nicht wahrnehmbaren Tönen ihre Mutter. Auch ihre natürlichen Feinde können diese Rufe nicht hören. Vermeiden Sie deshalb quietschende Geräusche und schrille Töne, sie beunruhigen die Tiere.

Pfoten

Die Vorderpfoten der Zwerghamster haben vier Zehen, die Hinterpfoten dagegen fünf. Die Vorderpfoten sind geschickte Hände: Neben dem Laufen dienen sie zum Putzen und zum Festhalten der Nahrung. Auf den größeren Hinterpfoten können sich die Zwerghamster aufrichten. Sowohl Vorder- als auch Hinterpfoten tragen Krallen, die die Tiere regelmäßig beim Laufen abwetzen müssen.

Bauchdrüse

Die Drüse am Bauch der Tiere ist vor allem bei den Männchen gut ausgebildet. Sie erzeugt ein Sekret, mit dem die Tiere ihr Revier markieren. Besonders an diesem Geruch können sie sich auch gegenseitig erkennen.

Augen

Sind sie nicht niedlich, die Knopfaugen der Zwerghamster? Allerdings können die Tiere nicht besonders gut sehen. Aber das brauchen sie im dunklen Bau auch nicht. Sie gelten als kurzsichtig; auch Farben sehen sie kaum, sondern scheinen nur Grün- und Gelbtöne zu erkennen.

Nase

Mit der Nase prüfen Hamster, ob etwas fressbar oder ungenießbar ist. Sie können sich sogar gegenseitig am Geruch erkennen. Bei der Partnerwahl entscheidet die Nase, ob sich zwei Tiere »riechen« können. Mit den Schnurrhaaren, den Vibrissen, können sie Abgründe oder die Größe einer Öffnung erspüren.

Zähne

Die Schneidezähne beweisen es: Hamster gehören zur Ordnung der Nagetiere. Die vier Nagezähne wachsen ständig nach und müssen sich deshalb immer abschleifen können. Am besten bieten Sie den Tieren immer Zweige oder hartes Brot an. Zum Zermahlen der Nahrung besitzen die Tiere zwölf Backenzähne.

Backen

Zum »Hamstern« besitzen alle Hamster Ausstülpungen der Mundschleimhaut, die Backentaschen. Sie reichen bis fast zu den Hinterbeinen. Durch Ausstreichen mit den Vorderbeinen werden sie entleert. Ein Zwerghamster kann mithilfe seiner Backen fast ein halbes Kilogramm Getreide an einem Tag in seinen Bau tragen.

Phodopus campbelli

Campbells Zwerghamster

Diese Zwerghamsterart wird am häufigsten im Zoofachhandel angeboten. Die Tiere werden bis etwa
10 cm lang und 50 g schwer.

Aussehen Die Wildform hat einen gelbbraunen
Rücken mit schwarzem Aalstrich. Der Bauch ist
weiß und durch eine in Bögen verlaufende Linie
vom Rücken getrennt. Diese Dreibogenlinie ist oft
nicht so scharf wie beim Dsungarischen Zwerghamster. Sie hat einen gelblichen Saum, und die Farben
gehen mehr ineinander über. Auch ist die Gegend
um die Nase weißlicher als beim Dsungarischen
Zwerghamster. Mittlerweile gibt es Zuchtformen in
verschiedensten Farbvarianten.

Verhalten In der Natur unterscheiden sich die Tiere je nach Herkunftsgebiet in ihrem Sozialverhalten.
Die westliche Form ist offenbar geselliger. Hier helfen die Väter intensiv bei der Brutpflege. Tiere aus
dem Osten des Verbreitungsgebiets sind dagegen
ungeselliger. Auf jeden Fall sollte Campbells Zwerghamster einzeln gehalten werden, die Tiere gewöhnen sich dann an ihren Pfleger.

Phodopus sungorus

Dsungarischer Zwerghamster

Dsungarische Zwerghamster sehen Campbells
Zwerghamstern sehr ähnlich; es ist oft schwierig,
sie auseinanderzuhalten. Sie werden bis etwa
10 cm lang und bis zu 45 g schwer.

Aussehen Der Rücken der Wildform ist grau mit
dem charakteristischen schwarzen Aalstrich. Bauch,
Pfoten und Schwanz sind weiß bis grauweiß. Die
Trennlinie zwischen Rücken und Bauch ist deutlich
zu erkennen. Im Winter färbt sich das Fell des Dsungarischen Zwerghamsters weiß. Mittlerweile gibt es
auch hier mehrere Zuchtfarben.

Verhalten Dsungarische Zwerghamster können im
Winter in eine Art kurzen Winterschlaf, Torpor genannt, verfallen. Bei der Fortpflanzung gelten Dsungarische Zwerghamster als sehr wählerisch. Man
kann also Paare nicht immer einfach zusammensetzen. Der Vater beteiligt sich kaum an der Brutpflege. Sie sollten einzeln gehalten werden und können
sich mit entsprechender Geduld relativ leicht an
ihren Halter gewöhnen.

Phodopus roborovskii

Roborowski-Zwerghamster

Der Roborowski-Zwerghamster kann kaum mit den anderen drei hier vorgestellten Zwerghamsterarten verwechselt werden. Das liegt zum einen an der Färbung, zum anderen an der Größe der Tiere: Sie sind kleiner als die anderen Arten und werden nur etwa 9 cm lang und gerade mal 25 g schwer.

Aussehen Der Roborowski-Zwerghamster hat als Einziger keinen Aalstrich auf dem Rücken. Er besitzt auch keine Dreibogenlinie zwischen Rücken und Bauch wie die beiden anderen Arten seiner Gattung. Sein feines, weiches Fell ist sandfarben oder gelbgrau gefärbt. Bauch, Pfoten und der kurze Schwanz sind weiß. Über den Augen ist das Fell etwa in Augengröße ebenfalls weiß.

Verhalten Roborowski-Zwerghamster sind ausgesprochen aktiv und lassen sich nur sehr schwer in die Hand nehmen. Dadurch ist diese Art noch weniger für Kinder geeignet. Sie sind etwas geselliger als die Schwesternarten. So verlässt das Männchen nach dem Werfen der Jungen nicht den Bau, sondern hilft bei der Aufzucht.

Cricetulus griseus

Chinesischer Streifenhamster

Der Chinesische Streifenhamster ist mit bis zu 12 cm Länge die größte der vier beschriebenen Arten. Er wird ca. 45 g schwer.

Aussehen Obwohl diese Art in Färbung und Aalstrich dem Campbells und Dsungarischen Zwerghamster gleicht, ist sie durch den längeren Schwanz von den anderen einfach zu unterscheiden. Auch wirkt sie schlanker als die Kurzschwanzhamster *(Phodopus)*. Als Besonderheit treten die Hoden der Männchen im Sommer deutlich hervor. Das ist normal und kein Anlass zur Beunruhigung.

Verhalten Chinesische Streifenhamster sind sehr viel ausgeprägtere Einzelgänger als die anderen Zwerghamster. Die Männchen beteiligen sich nicht an der Brutpflege, sondern werden vom Weibchen verjagt. In der Heimtierhaltung fällt diese Art durch ihre Beweglichkeit und Kletterkünste auf. Einzeln gehalten kann sich der Chinesische Streifenhamster leicht an seinen Pfleger gewöhnen. Er kann bis zu vier Jahre alt werden.

Zwerghamsterrassen im Porträt

Zuchtformen oder -rassen gibt es besonders bei den Campbells und den Dsungarischen Zwerghamstern. Beim Roborowski-Zwerghamster ist dagegen nur eine Form mit viel Weiß im Gesicht bekannt. Sie wird Husky genannt.

SAPHIRFARBEN Die Variante des saphirfarbenen Dsungarischen Zwerghamsters ist der Wildform sehr ähnlich.

PEARL Perlmuttfarbene Dsungarische Zwerghamster mit hohem Weißanteil scheinen immer beliebter zu werden. In Verpaarungen setzt sich diese Fellfarbe durch, deshalb findet man sie immer öfter.

WEISSE FORM Diese Variante des Dsungarischen Zwerghamsters ist weißer als die Wildform. Die Färbung darf man aber nicht mit der Weißfärbung des Fells bei kalten Temperaturen verwechseln.

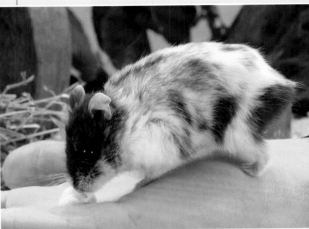

DALMATINER SCHECKE Gescheckte Campbells Zwerghamster gibt es seit 1990 in verschiedenen Varianten – hier eine schwarzweiß gescheckte Form.

WEISS Reinweiße Dsungarische Zwerghamster mit schwarzen Augen sind selten und deshalb bei manchen Liebhabern sehr begehrt.

CHINESISCHER STREIFEN-HAMSTER Von ihm gibt es nur Zuchtformen mit unterschiedlichen Weiß-Anteilen in der Fellfarbe. Es gibt auch reinweiße Tiere.

ARGENTEFARBENER CAMP-BELL Manche Farbkombinationen sind offenbar mit der Ausbildung roter Augen gekoppelt. Reinweiße Albinos mit roten Augen sind dagegen selten.

CREMEFARBENER CAMPBELL Die cremefarbenen Tiere können rote, aber auch schwarze Augen haben. Die Abgrenzung zu den argentefarbenen Formen ist nicht immer eindeutig.

Willkommen zu Hause

Freuen Sie sich schon auf Ihren Zwerghamster? Doch bevor der kleine Kerl bei Ihnen einziehen kann, gibt es noch einiges vorzubereiten: Welcher Käfig eignet sich, wo soll er stehen, welche Ausstattung ist nötig? Und nicht zuletzt stellt sich immer wieder die Frage: Braucht ein Zwerghamster Gesellschaft?

Am liebsten allein

Wenn der Käfig besorgt und eingerichtet ist, stellen sich viele zukünftige Zwerghamsterhalter die Frage, ob sie einen oder zwei Zwerghamster kaufen wollen. Leider kursieren zu diesem Thema immer noch falsche Informationen, ob in Büchern oder im Internet. Geht man vom Verhalten der Tiere in der Natur aus, ergibt sich eine einfache Regel: Alle Hamsterarten kommen am besten allein zurecht. Anders als etwa Meerschweinchen oder Degus brauchen und mögen sie keine Gesellschaft. Sie machen den Tieren also keine Freude, wenn Sie meinen, einen Spielgefährten besorgen zu müssen.

Kleine Ausnahmen

Die neuesten Forschungen (→ Seite 12) zeigen aber auch, dass es Ausnahmen gibt. Goldhamster muss man unbedingt im Alter von vier bis sechs Wochen trennen und allein leben lassen. Zwerghamster dagegen – besonders Dsungarischer, Campbells und Roborowski-Zwerghamster – können meist noch zusammenbleiben. Man kann also versuchen, Geschwister gleichen Geschlechts zu vergesellschaften. Das kann gut gehen, muss aber nicht. Auf jeden Fall müssen Sie die Tiere täglich beobachten. Am besten halten Sie einen zweiten Käfig bereit und trennen die Streithähne sofort, wenn es Beißereien gibt. Auf keinen Fall darf man zwei Hamster, die sich nicht kennen, zusammensetzen! *Phodopus*-Zwerghamster kann man theoretisch auch paarweise halten. Manche Väter helfen sogar bei der Aufzucht der Jungen. Das sollten Sie aber nur tun, wenn Sie Nachwuchs möchten. Empfehlen kann ich das nicht. Zwerghamsterpaare sind sehr fruchtbar, und wohin dann mit den jungen Hamstern? Meine Empfehlung lautet deshalb ganz deutlich: Zwerghamster hält man besser allein.

Das Zwerghamsterheim

Ein geeigneter Käfig ist das A und O dafür, dass sich Ihr Zwerghamster bei Ihnen rasch eingewöhnt und wohlfühlt. Vor dem Kauf sollten Sie überlegen, wo der Käfig am besten stehen soll.

Ein guter Standort für den Käfig

Zwerghamster sind nachtaktiv und wollen am Tage ihre Ruhe haben. Ein Käfigstandort mitten im Wohn- oder Kinderzimmer ist deshalb nicht günstig. Ideal ist ein Raum, der tagsüber wenig begangen wird. Ist das nicht möglich, sollten Sie eine ruhige Zimmerecke wählen. Folgende Kriterien sind wichtig:

› Ein Zwerghamster mag keine ständigen Geräusche wie z. B. von Fernsehgeräten oder Radios.

› Auch helles Licht oder direkte Sonne sind für den kleinen Nager, der in der Natur am Boden und in Erdbauen lebt, ungeeignet. Ein Platz in Fensternähe scheidet deshalb aus.

› Weniger anspruchsvoll ist Ihr Zwerghamster bei der Raumtemperatur. Der Käfig kann im Winter auch ruhig in einem ungeheizten Zimmer stehen. Die Temperatur sollte aber möglichst nicht dauerhaft unter 15 °C sinken. Zu hohe Temperaturen sind für das Tier eher unangenehm. Achten Sie also unbedingt darauf, dass die Werte im Käfig nicht über 25 °C steigen. In heißen Sommern kann man den Käfig mit aufgelegten feuchten Tüchern kühlen. Haben Sie einen geeigneten Platz gefunden, stellen Sie den Käfig möglichst in Augenhöhe. So können Sie Ihren neuen Mitbewohner besser beobachten.

Wie groß muss der Käfig sein?

Ein Zwerghamsterkäfig muss mindestens 60 cm – besser 80 cm – breit und mindestens 40 cm tief sein. Wenn Sie mehr Platz haben, darf der Käfig natürlich auch größer sein. Generell gilt: Je größer, umso besser. Knausern Sie auch nicht bei der Höhe des Käfigs, vor allem dann nicht, wenn die Grundfläche eher klein ist. Denn der Mangel an Fläche lässt sich zum Teil durch Etagen ausgleichen. Besonders Chinesische Streifenhamster klettern gern. Eine andere Möglichkeit, um Ihrem Zwerghamster ausreichend Platz zu geben, ist eine Art Doppelkäfig: Vielleicht besitzen Sie schon einen kleineren Käfig. Dann können Sie einfach einen zweiten kleinen dazukaufen und beide mit einer kurzen Plastikröhre verbinden. Solche Verbindungsröhren gibt es im Zoofachhandel. Geschickte Bastler funktionieren dafür einfach graue Röhren für Abwasserleitungen aus dem Baumarkt um. Vorsicht: Zu lange Röhren

Zwei kleinere Käfige, verbunden mit einem Plastikrohr: So wird die Lauffläche größer und der Käfig gleicht einem Bau mit zwei Kammern.

lassen sich schlecht reinigen. Kürzen Sie sie mit einer Holz-Feinsäge auf maximal 30 cm Länge ein.

Alternativen Zwerghamster kann man auch in Aquarien oder Glaserrarien halten. In ihnen ist zwar die Luftzirkulation schlechter, dies fällt bei den kleinen Zwerghamstern aber nicht so ins Gewicht. Im Idealfall ist das Aquarium etwas größer als ein Käfig, also mindestens 80 cm breit. Ein Nachteil ist jedoch, dass sich Aquarien schlechter reinigen lassen als Käfige.

Wichtig bei der Käfigwahl

Der Zoofachhandel bietet viele Käfigmodelle an. Achten Sie bei der Auswahl auf folgende Merkmale:

Bodenwanne Zum Standard gehört es, dass ein Käfig eine herausnehmbare Plastikwanne besitzt. Das erleichtert die Reinigung. Die Wanne sollte ungefähr 10 cm hoch sein, damit die Einstreu nicht so leicht herausfällt. Denn als Bodentiere graben Zwerghamster für ihr Leben gern und versuchen, Höhlen in der Einstreu anzulegen. Zu niedrige Wannen kann man mit schmalen Plastikstreifen erhöhen, die man einfach außen rund um den Käfig anbringt.

Gitterstäbe Achten Sie darauf, dass die Gitterstäbe des Käfigs waagerecht angeordnet sind. Zwischen senkrechten Gitterstäben kann sich der Zwerghamster leichter einklemmen. Der ideale Abstand der Gitterstäbe von Zwerghamsterkäfigen beträgt 7 mm. Als Material ist verzinkter Stahldraht zu empfehlen. Denn da die Tiere an allem nagen, liegt bei farbig lackierten oder mit Plastik überzogenen Käfiggittern in kürzester Zeit der Draht frei, und das Gitter beginnt zu rosten.

Eigenbau Wer zum Beispiel für eine Zimmerecke einen Käfig in einer ganz bestimmten Größe selbst bauen will, wählt am besten eine Holzkonstruktion, die vorne mit einer Acrylglasscheibe abgeschlossen

wird. Das Holz darf aber nicht mit Holzschutzmitteln chemisch behandelt werden. Streichen Sie den fertigen Käfig mit Bootslack, der keine Lösungsmittel enthält. Ein Käfiggitterdeckel und Gitterfenster in den Seitenwänden sorgen für eine ausreichende Belüftung. In den Boden integrieren Sie eine Plastikwanne. Mit mehreren Etagen und

Je größer ein Käfig ist, umso besser. In kleineren Modellen schaffen zusätzliche Etagen mehr Freiraum für Bewegung.

Traversen können Sie eine abwechslungsreiche »Hamsterburg« bauen – der Fantasie sind dabei keine Grenzen gesetzt.

Sinnvolle Käfigausstattung

Erst mit der richtigen Inneneinrichtung wird ein Käfig zum artgerechten Zuhause.

1 Schlafhäuschen

Das Häuschen ersetzt den unterirdischen Bau und bietet eine Rückzugsmöglichkeit. Sicher wird Ihr Zwerghamster darin auch Futter lagern. Es sollte deshalb nicht zu klein sein, aber auch nicht zu groß, damit der Hamster »Wandkontakt« hat und sich geborgen fühlt. Ein Holzhäuschen eignet sich am besten. Plastik- oder Keramikhäuser beginnen innen zu schwitzen. Das Häuschen sollte eine Grundfläche von ca. 15 × 10 cm haben, allseitig geschlossen sein und einen runden Eingang besitzen. Eine Öffnung mit etwa 3,5 cm Durchmesser ist optimal. Da die Tiere unter Umständen auch im Haus Urin abgeben oder Frischfutter hineintragen, sollte es keinen Boden besitzen. Stellen Sie es einfach auf die Einstreu. Ideal ist ein flaches, abnehmbares Dach. So können Sie Ihren Pflegling ohne viel Stress kontrollieren und Frischfutterreste bequem entfernen.

2 Futternapf

Natürlich kann man das Futter einfach auf den Boden streuen. In einem Futternapf lässt sich die Futtermenge aber in gewissen Grenzen kontrollieren. Und etwas Kontrolle ist bei Hamstern nötig, schließlich machen sie ihrem Namen alle Ehre und schleppen das Futter in eine Ecke des Käfigs oder in ihr Häuschen. Besonders Frisch- oder Lebendfutter bietet man am besten im Napf an. Er sollte aus Porzellan oder Steingut sein, um fest zu stehen. Ein nach innen gebogener Rand ist zu empfehlen, und ca. 5 cm Durchmesser sind ausreichend.

3 Einstreu und Heu

Die Käfigeinstreu muss saugfähig, staub- und schadstofffrei sein. Am besten sind Hobelspäne. Es gibt sie als Kleintierstreu im Zoofachhandel. Man kann sie mit Rindenmulch mischen, das sieht natürlicher aus. Sägespäne, Torfmull und Katzenstreu eignen sich nicht. Roborowski-Zwerghamster kann man auch auf Sandboden halten. Eine 3–5 cm dicke Schicht Einstreu reicht aus. Geben Sie zusätzlich Heu in den Käfig. Es dient den Tieren als Versteck.

4 Sandbad

Ein Muss im Hamsterkäfig ist eine Schale mit feinem Sand (Chinchilla- oder Vogelsand). Das Wälzen im Sand ist ein angeborenes Verhalten, mit dem sich die Tiere in der Natur von Parasiten befreien.

5 Hamstertoilette

Manche Zwerghamster benutzen das Sandbad als Toilette. Sie können Ihrem Tier aber auch eine Ecktoilette (Fachhandel) in den Käfig stellen. Nach meiner Erfahrung wird sie eher weniger benutzt. Vielleicht akzeptiert Ihr Zwerghamster sie aber.

6 Trinkflasche

Bekommt ein Zwerghamster ausreichend Frischfutter, trinkt er kein Wasser. Trotzdem sollte immer eine Wasserflasche zur Verfügung stehen. Bringen Sie sie außen am Käfig an. Der Hamster kann sich am Doppelkugelverschluss selbst bedienen. Keine Angst: Wenn der Hamster durstig ist, findet er die Flasche ganz bestimmt. Das Wasser auf keinen Fall in Schalen anbieten. Auch wenn man es kaum glauben mag: Die Tiere können darin ertrinken.

Es ist so weit: Kauf und Transport

Alles vorbereitet für den Einzug? Dann können Sie endlich Ihren Zwerghamster kaufen. Mehrere Möglichkeiten stehen zur Wahl:

Zoofachhandel An erster Stelle steht das Zoofachgeschäft Ihres Vertrauens. Große Baumärkte verfügen ebenfalls über Zooabteilungen. Die Mitarbeiter werden regelmäßig geschult. Suchen Sie die Zoofachhandlung vorzugsweise in den späten Nachmittags- oder Abendstunden auf. Dann sind die kleinen Hamster aktiv, und Sie können sie am besten beobachten. Fragen Sie die Mitarbeiter ruhig nach Besonderheiten der Tiere bzw. deren Haltung. Es ist ein gutes Zeichen, wenn sie eine qualifizierte Antwort bekommen. Achten Sie darauf, ob die Tiere fachgerecht gehalten werden und ob alle gesund aussehen (→ Tipp rechts). Nehmen Sie sich dafür mindestens eine Viertelstunde Zeit.

Züchter Sie können Zwerghamster auch direkt bei einem Züchter kaufen. Dort bekommen Sie zusätzlich noch Insider-Tipps – schließlich kennt sich ein Züchter ja am besten mit seinen Tieren aus. Er wird Ihnen auch das genaue Geburtsdatum der Tiere sagen können. Adressen finden Sie im Internet (→ Seite 64). Manchmal geben professionelle Züchter allerdings keine Tiere an Einzelpersonen ab. Vielleicht kennen Sie aber auch schon jemanden, der junge Zwerghamster abgeben will.

Welcher Zwerghamster soll es sein?

Die Eigenheiten der Zwerghamsterarten, die als Heimtiere infrage kommen, finden Sie auf den Seiten 16–17. Innerhalb der Arten gibt es aber dank der Zucht noch verschiedene Rassen (→ Seite 18/19).

› Ob Sie sich für die Wildform oder eine Rasse entscheiden, ist letztlich Geschmackssache – ich empfehle jedoch immer, Wildformen zu bevorzugen. Solche Tiere sehen nicht nur unverfälscht aus, sondern zeigen auch weitgehend das natürliche Verhalten. Obendrein sind sie am einfachsten zu halten.

› Das Geschlecht des Tieres – man sollte ja immer nur eines halten – ist eher nebensächlich. Es gibt kaum Unterschiede im Verhalten von Männchen und Weibchen. Hamsterweibchen können manchmal für empfindliche Nasen etwas streng riechen. Alle vier bis fünf Tage sind sie im Östrus, also paa-

1 Gleichaltrige Weibchen sind kleiner als Männchen. Der Abstand zwischen Afteröffnung und Geschlechtsöffnung (Vagina) ist gering.

2 Bei Männchen ist der Abstand zwischen After- und Geschlechtsöffnung größer als bei Weibchen. Meist sind außerdem die Hoden zu erkennen.

rungsbereit. Dabei sondern sie etwas weißlichen Schleim aus der Geschlechtsöffnung ab, der diesen Geruch hervorruft. Aber keine Angst, das ist meist nur für andere Hamster zu riechen.

Es ist nicht ganz einfach, Männchen und Weibchen zu unterscheiden (→ Abb. links). Fragen Sie deshalb den Mitarbeiter der Zoofachhandlung, er sollte die Geschlechter unterscheiden können.

Sicher nach Hause

Nun kommt es nur noch auf einen möglichst stressfreien Transport nach Hause an. Der Händler bietet Ihnen sicher an, das Tier in eine Faltschachtel zu setzen. Dagegen ist nichts einzuwenden – allerdings nur, wenn Sie es nicht weit nach Hause haben. Solche Schachteln sind jedoch nicht wirklich ausbruchsicher: Es ist kein guter Start, wenn Sie Ihren quicklebendigen, frisch gekauften Zwerghamster unter den Sitzen Ihres Autos suchen müssen. Legen Sie sich deshalb besser eine Transportbox für Kleintiere zu. Diese zusätzliche Investition ist für Tier und Pfleger sehr angenehm und praktisch: Die Transportbox dient später als Ausweichquartier, wenn Sie den Käfig reinigen, und leistet gute Dienste, falls Sie mit Ihrem Zwerghamster zum Tierarzt müssen.

Wichtig Bitten Sie den Verkäufer, etwas Streu aus dem Verkaufskäfig in die Transportbox zu geben – der vertraute Geruch beruhigt – und den Zwerghamster vorsichtig hineinzusetzen. Ein halber Apfel liefert ausreichend Futter und Feuchtigkeit, selbst wenn die Fahrt nach Hause fast den ganzen Tag dauert. Transportieren Sie das Tier nie im Kofferraum! Abgesehen vom unkontrollierten Hin- und Herrutschen ist das Klima – zumal im Sommer – dort oft viel zu heiß. Und selbst kurzzeitige Hitze ist für Zwerghamster viel schädlicher als Kälte.

Gesundheitscheck auf einen Blick

TIPPS VOM
HAMSTER-EXPERTEN
Peter Fritzsche

VERHALTEN Der Hamster ist lebhaft, bewegt sich und erkundet den Käfig. Sind mehrere Tiere in einem Käfig, darf es keine Beißereien geben.

BEINE UND KÖRPER Die Beine sind gesund und werden gleichmäßig benutzt. Die Wirbelsäule ist nicht verkrümmt. Der Körper hat keine Beulen.

HAUT UND FELL Die Haut ist frei von Wunden, nackten Stellen und Verkrustungen, das Tier kratzt sich nicht ständig. Das Fell ist glatt und liegt am Körper an.

MAUL UND AFTER Die Mundöffnung ist sauber, die Backentaschen sind leer (evtl. warten, bis sie entleert sind), die Zahnstellung ist korrekt. Die Umgebung von Schwanz und After ist trocken.

AUGEN UND OHREN Die Augen sind offen, klar, nicht gerötet, eingefallen oder hervortretend. Die Ohren sind entfaltet, unbeschädigt und sauber.

NASE UND ATMUNG Die Nase ist trocken, sauber und nicht gerötet, der Hamster muss nicht niesen. Er atmet ruhig und gleichmäßig mit geschlossenem Maul.

Eingewöhnen leicht gemacht

Sobald Sie zu Hause sind, setzen Sie den neuen Mitbewohner in seinen Käfig. Geben Sie die Einstreu vom Transportkäfig mit hinein – der gewohnte Geruch beruhigt das Tier. Nun sollten Sie Ihren Zwerghamster eine Weile sich selbst überlassen. Das Wichtigste, was er jetzt braucht, ist Ruhe, und zwar am besten eine Woche lang. Je mehr Rücksicht Sie nehmen, umso eher wird sich Ihr Zwerghamster in seinem neuen Zuhause eingewöhnen.

› Natürlich wollen und sollen Sie Ihren Pflegling beobachten – aber bitte nur aus der Distanz. Achten Sie dabei darauf, das Tier nicht durch unbedachte Bewegungen zu erschrecken.

› Verändern Sie in dieser Eingewöhnungsphase nichts am Käfig. Füllen Sie nur vorsichtig Futter und, wenn nötig, Wasser nach. Heben Sie auf keinen Fall das Häuschen an und räumen Sie es nicht aus. Schließlich erkundet der Zwerghamster sein neues Domizil. Ein Männchen können Sie eventuell beim Markieren seines Reviers beobachten. Dazu haben Zwerghamster Drüsen am Bauch, mit denen sie über den Boden oder Gegenstände streifen.

So fasst Ihr Zwerghamster Vertrauen

Manchmal wird davon gesprochen, wie man einen Zwerghamster zähmt. Ich halte diese Formulierung für nicht besonders glücklich: Schließlich soll ja nicht der Wille des Tieres gebrochen oder sein Verhalten verändert werden. Es soll nur lernen, den Pfleger in seiner Umgebung zu akzeptieren und zu erkennen, dass von ihm keine Gefahr ausgeht.

› Wichtig ist, das Tier zu nichts zu zwingen, sondern alles mit Ruhe und Geduld geschehen zu lassen.

› Gewöhnen Sie den Zwerghamster mit ruhigen Bewegungen langsam an Ihre Hand.

› Der Geruchssinn der Zwerghamster ist sehr stark ausgeprägt. Benutzen Sie deshalb keine parfümierten Seifen, und reiben Sie Ihre Hände vor jedem Kontakt mit etwas Einstreu ein. So wirkt die fremde, große Hand für den Hamster weniger bedrohlich.

Zwerghamster richtig hochheben

Ist der Hamster noch nicht an Ihre Hände gewöhnt, sollten Sie es möglichst unterlassen, ihn in die Hand zu nehmen oder hochzuheben. Zum Umsetzen — etwa bei der Käfigreinigung – benutzen Sie ein Glas oder eine große Tasse. Reiben Sie das Gefäß mit Einstreu aus dem Käfig ein, und lassen Sie das Tier vorsichtig hineinlaufen.

Vertrauen: In den schützenden Händen fühlt sich der Zwerghamster fast so sicher wie in einer Höhle.

Fürchtet der Hamster Ihre Hand nicht mehr, können Sie versuchen, ihn wie folgt hochzuheben:
> Greifen Sie das Tier mit beiden Händen von hinten oben. So bilden Sie eine schützende Höhle um ihn.
> Dann führen Sie die Hände unter dem Hamster zusammen. So können Sie ihn aus dem Käfig nehmen oder hochheben. Achten Sie darauf, dass er nicht von Ihren Händen springt.

Man kann den Zwerghamster auch am Nackenfell greifen. Das erfordert etwas Übung. Legen Sie von hinten die flache Hand auf das Tier. Drückt es sich an den Boden, greifen Sie mit Daumen und Zeigefinger fest ins Nackenfell und heben es hoch. Das ist für ihn völlig ungefährlich. Aber immer die bloßen Hände benutzen und keine Handschuhe anziehen! Sonst besteht Gefahr, ihn zu fest anzufassen.

1 KONTAKT Setzen Sie sich ruhig vor den Käfig und beobachten Sie Ihren Pflegling. Sprechen Sie sanft zu ihm, damit er sich an Ihre Stimme gewöhnt. Wählen Sie dazu die Abendstunden, wenn der Zwerghamster aktiv ist. Nach und nach bewegen Sie sich langsam und treten von verschiedenen Seiten an den Käfig. Nach etwa zwei Wochen wird der Hamster nicht mehr in sein Häuschen flüchten.

2 UNWIDERSTEHLICHE LECKEREIEN Jetzt beginnen Sie, dem Zwerghamster kleine Leckerbissen durch die Gitterstäbe zu reichen. Das kann ein Stück Mohrrübe, etwas Apfel oder eine Erdnuss sein. Achten Sie darauf, dass er dabei ausgiebig an Ihrer Hand schnuppern kann. Sie können auch versuchen, einen Finger – mit etwas Magerquark benetzt — vorsichtig durch die Käfigstäbe zu stecken.

3 VERTRAUEN Kommt er, ohne zu zögern, aus seinem Häuschen und nimmt das Futter an, können Sie einen Schritt weitergehen. Öffnen Sie langsam die Käfigtür, legen Sie ein Futterstück auf die Hand, und stecken Sie sie in den Käfig. Nun warten Sie ab, ob der Hamster daraufklettert, um sich den Bissen zu holen. Schreckt er nicht zurück, dürfen Sie Ihn behutsam mit dem Finger berühren.

Zwerghamster und andere Heimtiere

Grundsätzlich gilt: Zwerghamster und andere Heimtiere in einem Haushalt sind in den meisten Fällen eine problematische Gemeinschaft. Allerdings gibt es graduelle Unterschiede.

Vögel, Fische & Co. Ohne Komplikationen können Sie Aquarienfische sowie Ziervögel wie Wellensitti-

Will dieses Monster mich vielleicht fressen? Ersparen Sie Ihrem Zwerghamster einen solchen Anblick und den damit verbundenen Stress.

che, Zebrafinken oder andere Kleinvögel neben Ihrem Zwerghamster halten. Die Tiere werden sich entweder nie begegnen oder kein Interesse aneinander haben. Allerdings müssen Sie darauf achten, dass zum Beispiel frei fliegende Vögel nicht in den oben offenen Hamsterkäfig fliegen können.

Andere Nagetiere Die Haltung anderer kleiner Nagetiere wie Meerschweinchen, Zwergkaninchen, Degus oder Chinchillas parallel zum Zwerghamster kann auch unproblematisch sein. Eines versteht sich jedoch von selbst: Zwerghamster dürfen niemals in einem Käfig mit irgendwelchen anderen Tierarten vergesellschaftet werden. Die Störung durch die anderen Tiere bedeutet für einen einzelgängerischen Zwerghamster extremen Stress. Auch beim Auslauf dürfen die Tiere keinen Kontakt zum Hamsterkäfig haben.

Amphibien und Reptilien Diese Tiere können Sie zwar mit Zwerghamstern im gleichen Zimmer halten, müssen aber ebenfalls dafür sorgen, dass beide sich nie begegnen: Für eine Boa beispielsweise wäre ein Zwerghamster ein wahrer Leckerbissen.

Hund und Katze

Etwas anders sieht es bei der Haltung von Zwerghamstern sowie Katzen und Hunden aus.

› Katzen sollten Sie nur halten, wenn diese das Zimmer mit dem Zwerghamsterkäfig nicht betreten können. Eine solche Begegnung geht früher oder später für den Zwerghamster böse aus, schließlich passt er perfekt ins Beuteschema von Katzen und stellt für sie einen unwiderstehlichen Reiz dar. Und selbst wenn Katze und Hamster keinen direkten Kontakt haben, bedeutet es für den kleinen Nager immer Stress, wenn er eine Katze wahrnimmt.

› Bei einem gut erzogenen Hund können Sie es dagegen versuchen, ihn in das Zimmer mit dem Hamsterkäfig zu lassen. Beobachten Sie ihn aber, und lassen Sie die beiden nie allein. Besser ist es jedoch, beide in separaten Räumen zu halten.

So fühlt sich Ihr Zwerghamster wohl

Geduld und Rücksicht sind der Schlüssel dafür, dass Ihr Zwerghamster seine Scheu ablegt. Beherzigen Sie also die wichtigsten Regeln im Umgang, und respektieren Sie, dass er bei allem Vertrauen immer ein Einzelgänger bleiben wird.

Tut gut

- (+) Machen Sie den Käfig bezugsfertig mit Einstreu, Hamsterhäuschen, Beschäftigungsmaterial, Futternapf und Wasserflasche. Legen Sie etwas Zellstoff (Taschentuch) in den Käfig. Der Hamster polstert damit sein Häuschen aus.

- (+) Zwerghamster sind vorrangig Einzelgänger. Halten Sie sie deshalb allein.

- (+) Bringen Sie den Zwerghamster möglichst schnell und erschütterungsfrei in der Transportbox nach Hause.

- (+) Lassen sie das Tier in der ersten Woche in Ruhe. Es muss sich langsam und mit viel Geduld an Sie gewöhnen. Und vergessen Sie nicht: Liebe geht durch den Magen – Leckerbissen bauen Vertrauen auf.

Besser nicht

- (–) Zwerghamster dürfen – wie andere Tiere auch – niemals als Überraschungsgeschenk gekauft werden. Für kleinere Kinder sind sie völlig ungeeignet.

- (–) Stören Sie Ihren Zwerghamster tagsüber nicht. Er schläft jetzt und braucht seine Ruhe. Auch alle Pflegearbeiten sollten Sie besser in die Abendstunden verlegen, wenn das Tier wach ist.

- (–) In den ersten drei Wochen sollten Sie den Käfig weder ausräumen noch die Einrichtung verändern.

- (–) Zwingen Sie Ihren Zwerghamster zu nichts. Versuchen Sie auch nicht, das Tier in die Hand zu nehmen, solange es sich noch nicht an Sie gewöhnt hat und zutraulich geworden ist.

Rundum gut gepflegt

Viel verlangt ein Zwerghamster nicht von Ihnen, aber ein wenig regelmäßige Pflege muss schon sein. Sorgen Sie also für gesundes Futter, sauberes Wasser und einen reinen Käfig. Und nutzen Sie die tägliche Pflegezeit dafür, zu prüfen, ob Ihr Zwerghamster gesund ist und sich rundum wohlfühlt.

Kleine Überlebenskünstler

Vielleicht haben Sie schon Erfahrung mit anderen Heimtieren. Entscheiden Sie sich dann für einen Zwerghamster, müssen Sie sich etwas umstellen: Selbst Goldhamster sind im Vergleich zu ihnen leichter zu »handeln«. Ein Zwerghamster entkommt sehr rasch. In der Natur ist diese Wendigkeit eine Überlebensgarantie: Um ihren Feinden zu entfliehen, müssen Zwerghamster sehr schnell sein. Dsungarische Zwerghamster und Campbells Zwerghamster können schnell laufen und lassen sich nur schwer greifen. Spitzenreiter in puncto Reaktionsvermögen sind Roborowski-Zwerghamster. Sie leben in Wüstengebieten, in denen es kaum Deckung gibt. Deshalb müssen sie sich auf ihre Schnelligkeit verlassen können. Der Chinesische Streifenhamster wiederum kann von allen vier beschriebenen Arten am besten klettern. Berücksichtigen Sie dies bei der Käfigeinrichtung, und geben Sie ihm die Gelegenheit dazu. Denken Sie aber auch daran, Ausbruchsversuche des kleinen Kletterkünstlers von vornherein zu verhindern.

Robust und anspruchslos

Zwerghamster müssen in ihrer Heimat mit starken Klimaschwankungen zurechtkommen. Sie sind an diese Bedingungen perfekt angepasst und deshalb relativ unempfindlich und leicht zu pflegen. Sie sind nicht wählerisch, was das Futter betrifft, und trinken fast kein Wasser. Deshalb können Sie Ihren Zwerghamster bei gefülltem Futternapf und voller Wasserflasche auch einmal zwei bis drei Tage allein lassen. Ab drei Tagen müssen Sie jedoch jemanden finden, der zuverlässig nach ihm schaut. Bei gutem Futter und in einem sauberen Käfig bleibt ein Zwerghamster meist gesund. Erkrankt er trotzdem einmal, sollten Sie ihn rasch zum Tierarzt bringen.

Gesundes Futter hält fit

Das Futter für den Zwerghamster besteht aus drei Komponenten: Pflanzliches Trockenfutter (meist Sämereien) sollte 50 Prozent des Gesamtfutters ausmachen, Frischfutter etwa 40 Prozent und tierisches Eiweiß rund 10 Prozent.

Pflanzliches Trockenfutter

In Zoohandlungen, aber auch in Supermärkten und Drogerien kann man Futtermischungen für Kleintiere kaufen. Es gibt sie abgepackt oder lose zum Selbstabwiegen. Spezielles Zwerghamsterfutter gibt es (noch) nicht. Sie können aber bedenkenlos Futter für Goldhamster oder Meerschweinchen kaufen. Das Futter ist eine Mischung aus verschiedenen Getreidearten, Haferflocken, Sonnenblumenkernen, getrocknetem Gemüse, tierischem Eiweiß sowie speziell hergestellten Futterflocken. Nicht jedes Futter ist gleich gut geeignet, wenn auch nicht von vornherein schädlich.

Eine gute Mischung Auf der Verpackung ist die Zusammensetzung des Futters angegeben. Vergleichen Sie die Sorten, und achten Sie darauf, dass der Zuckergehalt so niedrig wie möglich ist und die Mischung nicht zu viel Fett enthält. Der Rohfettgehalt sollte fünf Prozent nicht übersteigen. Deshalb dürfen in dem Mix nicht zu viele Sonnenblumenkerne und Nüsse sein, sie sind besonders fett. Außerdem sollte das Futter 15–20 Prozent Eiweiß enthalten.

Die richtige Futtermenge Geben Sie Ihrem Zwerghamster so viel Futter, dass der kleine Kerl nach Bedarf fressen kann. Ein bis zwei Teelöffel Futtermischung pro Tag sind ein Richtwert. Wundern Sie sich, dass der Futternapf nach kurzer Zeit schon wieder leer ist? Dann werfen Sie einen Blick in den Käfig oder in das Hamsterhäuschen: Sicher hat Ihr Pflegling schon einen ordentlichen Vorrat angelegt. Noch ein Tipp: Kaufen Sie nicht zu viel Trockenfutter auf einmal. In länger gelagertem Futter sind häufig Motteneier enthalten. Die Larven warten schon darauf, auszuschlüpfen, sich umzuwandeln und Ihre Küche zu bevölkern.

Pflanzen liefern Rohfasern Für eine gute Verdauung sind Rohfasern wichtig. Um den Rohfaseranteil der Nahrung zu erhöhen, sollten Sie neben der Trockenfuttermischung immer auch getrocknete Pflanzen anbieten. Heu steht an erster Stelle; es sollte ständig im Käfig zur Verfügung stehen. Es dient nicht nur zum Knabbern, sondern wird auch zum Nestbau verwendet. Kaufen Sie Heu mit möglichst hohem Wiesenkräuter-Anteil. Sie können natürlich auch selbst Kräuter sammeln und schonend im Schatten trocknen oder frisch verfüttern (→ Info).

Hamsterfutter selbst gemacht

SAMMELN Leicht zu finden sind zum Beispiel Löwenzahn, Gänseblümchen, Wegerich (alle Arten), Hirtentäschel, Klee und Brennnessel. Auch Hagebutten sind prima Leckerbissen.

WICHTIG Sammeln Sie nie am Rand stark befahrener Straßen oder auf Hundewiesen. Solches Futter ist mit Schadstoffen und Keimen belastet.

AUSSÄEN Luzerne, Minze, Brennnessel, Kamille, Melisse, Petersilie und andere Gartenkräuter sowie Sonnenhut (*Echinacea*) können Sie leicht im Garten oder auf dem Balkon aussäen.

TROCKENFUTTER Eine Körner- bzw. Trockenfuttermischung ist die Grundnahrung für jeden Zwerghamster. Sie sollte dem Tier rund um die Uhr zur Verfügung stehen. In der Zusammensetzung gibt es Unterschiede – achten Sie darauf, dass die Mischung möglichst gesund ist, also nicht zu süß und nicht zu fett. Ansonsten dürfen Sie ausprobieren, was Ihrem Schützling gut bekommt und was ihm am besten schmeckt: Auch Zwerghamster sind schließlich kleine Leckermäuler.

FRISCHFUTTER Als Ergänzung zum Trockenfutter ist Frischfutter wichtig: Es liefert reichlich Vitamine, Ballast- und Nahrungsergänzungsstoffe. Natürlich sollte es immer frisch sein. Vorsicht: Nicht alle Arten sind gleich gut geeignet (→ Info, Seite 37). Servieren Sie Ihrem Zwerghamster nur solche Früchte und Gemüse, die er gut verträgt. Klassiker wie Möhren, Äpfel und Gurken kommen fast immer gut an.

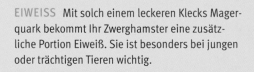

EIWEISS Mit solch einem leckeren Klecks Magerquark bekommt Ihr Zwerghamster eine zusätzliche Portion Eiweiß. Sie ist besonders bei jungen oder trächtigen Tieren wichtig.

Frischfutter liefert Vitamine

Frischfutter ist für Zwerghamster zum einen wichtig, weil es lebenswichtige Vitamine und Mineralien enthält. Zum anderen liefert es ihnen Wasser. In der Natur trinken Zwerghamster überhaupt nicht, sondern decken ihren Flüssigkeitsbedarf nur mit dem im Frischfutter enthaltenen Wasser.

Welches Obst und Gemüse eignet sich? Das ganze Jahr über zu kaufen sind Mohrrüben (Blätter nicht verfüttern), Äpfel und Gurken. Sie werden am häufigsten als Frischfutter verwendet. Zur Abwechslung können Sie auch Birnenstückchen, Salat – am besten Eisbergsalat –, Sojasprossen, Kürbis, Rote Bete oder Erdbeeren anbieten. Dazu kommen frische Kräuter (→ Info, Seite 34).

Wichtig Geben Sie Ihrem Zwerghamster nicht zu viel Frischfutter auf einmal. Es verdirbt leicht und ist oft der Grund für Darmerkrankungen bei Hamstern. Das Beste ist, das Frischfutter täglich in kleinen Mengen anzubieten. Allerdings darf es nicht direkt aus dem Kühlschrank kommen: Kaltes Futter ist für die Tiere ungesund. Warten Sie also, bis es in etwa Zimmertemperatur hat.

Bevor Sie neues Frischfutter in den Käfig legen, kontrollieren Sie, ob noch Reste vom Vortag im Käfig oder Schlafhäuschen liegen, und entfernen

Mini-Tarzan: Im Dickicht der südamerikanischen Golliwoog-Pflanze spielen Zwerghamster gern Versteck. Außerdem ist das Kraut ein gesunder Snack und enthält viel Wasser und Rohfasern.

diese. Mit der Zeit bekommen Sie ein Gefühl dafür, wie viel Ihr Pflegling täglich braucht.

Äste zum Nagen Weil Zwerghamster Nagetiere sind, müssen sie täglich ihre Nagezähne abnutzen können. Außerdem macht ihnen Nagen einfach Spaß. Legen Sie deshalb frische Zweige von Apfel, Birne, Buche oder Haselnuss samt Blättern in den Käfig. Achten Sie darauf, dass die Zweige von ungespritzten Bäumen stammen.

Wichtig: Etwas Eiweißnahrung

Zwerghamster fressen in der Natur auch tierische Nahrung wie Käferlarven oder Heuschrecken. Sie decken damit ihren Eiweißbedarf. Hauptsächlich während der Trächtigkeit und beim Säugen der Jungen spielt das zusätzliche Protein eine große Rolle. In den Fertigfuttermischungen ist zwar schon ein Eiweißanteil enthalten, trotzdem sollten Sie ein- bis zweimal pro Woche etwas zusätzliches Eiweiß geben. Probieren Sie verschiedene Sachen aus – auch Zwerghamster haben unterschiedliche Geschmäcker. Wichtig: Nicht zuviel füttern, sondern nur ganz kleine Portionen geben!

› Bieten Sie eine Miniportion Magerquark, Frischkäse, Rinderhack oder Hundefutter aus der Dose an. Halten Sie dem Hamster ein Hölzchen oder Ihren Finger mit ein Klecks Quark darauf hin. Ist er so mutig, und leckt den Finger ab? Natürlich können Sie das Futter auch in einem kleinen Napf anbieten.

› Auch lebendes Futter verschmähen Zwerghamster nicht. Mehlwürmer gibt es im Zoofachhandel. »Servieren« Sie mit einer Pinzette – aber nicht mehr als ein bis zwei Würmer pro Woche. In Schachteln gibt es lebende Grillen oder Heuschrecken zu kaufen. Setzen Sie sie in den Käfig und beobachten Sie, wie Ihr Zwerghamster dem Leckerbissen geschickt hinterher jagt.

Vorsicht – **ungesund!**	
SÜSSIGKEITEN	Schokolade, Bonbons, Gummibärchen oder Ähnliches
KEKSE	nur verfüttern, wenn sie weder Zucker noch Salz enthalten
NAGERDROPS	enthalten zu viel Zucker
GESALZENES	z. B. Nüsse oder Salzstangen; das Salz führt zu Nierenschäden.
KOHL, ZWIEBELN, LAUCH	verursachen Blähungen
BESTIMMTE GEMÜSE	Spinat, Bohnen, Sauerampfer, Rhabarber, rohe Kartoffeln sind schwer verdaulich. Gekochte Kartoffeln sind kein Problem.
NÜSSE ETC.	Nüsse und Sonnenblumenkerne sind sehr fett, nur sparsam als Snack anbieten. Keine Eicheln, Kastanien und Mandeln füttern.
SAURES OBST	Apfelsinen, Mandarinen, Clementinen, Zitronen, Pfirsich, Aprikosen, Nektarinen, Ananas und Johannisbeeren verursachen Übersäuerung.
ZIMMERPFLANZEN	Vergiftungsgefahr
BESTIMMTE GEHÖLZE	Zweige von Nadelbäumen, Rosskastanie, Eiche, Holunder, Robinie und Efeu sind unverträglich.
EIGELB	ist zu fett (Eiweiß erlaubt)
MILCH	führt zu Durchfall
SCHWEINEFLEISCH	zu fett, auch als Gehacktes

Ein sauberer Käfig

Zwerghamster sind sehr pflegeleichte Mitbewohner: Sie besitzen ein angeborenes Putzprogramm und halten ihr Fell selber tipptopp in Ordnung (→ Seite 59). Den Rest erledigt das Sandbad. Entdecken Sie doch einmal Schmutz oder feuchte Stellen im Fell, sind dies meist Anzeichen für eine Erkrankung (→ Seite 41). Auch Krallen und Zähne bedürfen bei Zwerghamstern so gut wie nie besonderer Pflege. Sie müssen also nur noch für einen sauberen Käfig sorgen, und auch das ist bei Weitem nicht so aufwendig, wie Sie vielleicht denken.

Putzen ohne Stress

Grundsätzlich sollten Sie bei allen Reinigungs- und Pflegearbeiten sehr rücksichtsvoll vorgehen, denn ein Zwerghamster kann das Hantieren in seinem

Ausquartiert: Im Transportkäfig mit etwas alter Einstreu und einem Häuschen ist das Warten bei der Käfig-Putzaktion nur noch halb so stressig.

Käfig gar nicht leiden. Der allergrößte Stress für ihn ist, aus dem Käfig genommen zu werden und warten zu müssen, bis er wieder zurückdarf. Und dann sind alle vertrauten Gerüche verschwunden. Vielleicht steht sogar noch das Häuschen an einem anderen Platz, und auch die anderen Gegenstände sind nicht mehr da, wo sie vorher lagen. Für den Zwerghamster ist das Aufregung pur, und die kann man am erhöhten Herzschlag messen. Erst nach einiger Zeit normalisiert er sich wieder.

Als Richtwert für die Käfigpflege gilt deshalb folgender Zeitplan:

Täglich Kontrollieren Sie den Futternapf, und füllen Sie frisches Futter nach. Gehamstertes Körnerfutter sollte an Ort und Stelle verbleiben. Frischfutterreste müssen Sie dagegen aus dem Käfig entfernen. Prüfen Sie das Schlafhäuschen. Auch dort können Sie gehamstertes Körnerfutter belassen. Frischfutterreste vom Vortag sollten Sie aber unbedingt wegwerfen. Kontrollieren Sie den Wasserstand in der Trinkflasche, und füllen Sie sie gegebenenfalls auf.

Wöchentlich Reinigen Sie den Futternapf gründlich mit heißem Wasser ohne Spülmittel, ebenso die Trinkflasche. Dabei tut eine Flaschenbürste gute Dienste. Füllen Sie sie anschließend mit frischem Leitungswasser. Säubern Sie die Urin-Ecke. Hamster setzen ihren Urin meist immer an der gleichen Stelle im Käfig ab. Suchen Sie diesen Fleck, der oft in einer Käfigecke liegt. Entnehmen Sie einmal pro Woche mit einer kleinen Schaufel die verunreinigte Einstreu, und ersetzen Sie sie durch neue Streu.

Einmal alle ein bis zwei Monate Es reicht, den Käfig alle ein bis zwei Monate einer Grundreinigung zu unterziehen – öfter bitte nicht! Dafür müssen Sie

Ein Käfig mit allem, was das Zwerghamsterherz begehrt: Im Häuschen und im Tunnel findet der kleine Kerl Rückzugsmöglichkeiten, Etagenbrett, Rampen und Laufrad sorgen für ein abwechslungsreiches Fitnessprogramm. Eine Grundreinigung einmal im Monat reicht völlig.

den Zwerghamster aus dem Käfig nehmen. Setzen Sie ihn mit etwas Einstreu aus dem Käfig in seine Transportbox oder in einen leeren Eimer.

› Bürsten Sie die Einrichtungsgegenstände und das Schlafhäuschen trocken ab. Kunststoff- oder Tongegenstände reinigen Sie mit heißem Wasser.

› Entfernen Sie alle Einstreu samt gehamstertem Futter, entnehmen Sie die Bodenwanne, und reinigen Sie sie mit heißem Wasser und etwas unparfümiertem Spülmittel. Desinfektionsmittel sind nicht notwendig. Bei hartnäckigen Rückständen hilft Einweichen in Essigwasser.

› Die Gitterstäbe können Sie ebenfalls mit Essigwasser und einem feuchten Lappen abwischen.

› Ist alles wieder trocken, neue Einstreu in den Käfig geben und die Einrichtung an den gleichen Ort stellen. Vorher eine Skizze oder ein Foto machen!

› Wichtig: Verteilen Sie etwas alte Einstreu im Käfig. Durch den vertrauten Geruch erkennt der Hamster den sauberen Käfig als sein Zuhause.

Ist mein Zwerghamster krank?

Zwerghamster sind im Allgemeinen wenig anfällig für Krankheiten. Wenn Sie Ihren Pflegling regelmäßig beobachten und sein normales Aussehen und Verhalten kennen, merken Sie rasch, wenn etwas nicht in Ordnung ist. Verhält er sich in letzter Zeit anders? Ist das Fell ungepflegt? Prüfen Sie zunächst anhand der Krankheitsanzeichen in der Tabelle auf Seite 41, ob irgendein Symptom auf Ihren kleinen Freund zutrifft. Wenn Sie etwas Ungewöhnliches

entdecken, sollten Sie unbedingt den Tierarzt aufsuchen. Warten Sie damit aber nicht zu lang, und versuchen Sie auf keinen Fall, den Hamster selbst zu behandeln. Zwerghamster sind so klein, dass sich jede Belastung des Stoffwechsels oder jede Infektion sehr rasch auswirkt. Zeit ist also kostbar.

Wichtige Informationen Überlegen Sie, ob Sie in letzter Zeit irgendetwas in der Pflege des Hamsters verändert haben. Haben Sie ein neues Futter getestet? Haben Sie mehr oder anderes Frischfutter gegeben als sonst? Hatte der Hamster beim Freilauf Kontakt mit Zimmerpflanzen oder etwas anderem, was ihm schaden kann? War die Temperatur im Käfig anders als sonst? Solche Informationen können dem Tierarzt bei der Diagnose helfen.

Gewichtskontrolle Ein wichtiges Anzeichen für das Befinden des Zwerghamsters ist sein Körpergewicht. Wiegen Sie Ihr Tier deshalb wöchentlich, und notieren Sie sich die Werte (→ Seite 58).

Die häufigsten Erkrankungen

Die folgenden Krankheiten und Gesundheitsstörungen treten bei Zwerghamstern am häufigsten auf:
Probleme mit den Backentaschen Hat der Zwerghamster – was er nicht darf – Süßigkeiten bekommen, ist das nicht nur schlecht für seinen Magen. Es kann auch zu einer Verklebung der Backentaschen führen. Auch kleine Verletzungen können Probleme machen. Das Tier versucht dann beispielsweise, immer wieder die Backentaschen

Ist Ihr Zwerghamster krank oder gestresst? Dann ist ein über den Käfig gehängtes Tuch sehr beruhigend.

zu leeren, was aber nicht gelingt. Beobachten Sie dieses auffällige Verhalten, muss der Tierarzt helfen. Andernfalls kann es zu Entzündungen und Abszessen der Backentaschen kommen.

Erkältung Die Anzeichen für eine Erkältung sind beim Zwerghamster ähnlich wie beim Menschen. Er niest und macht pfeifende Geräusche beim Atmen. Die Nase läuft, und die Augen sind gerötet. Ist er länger krank, frisst er weniger und verliert an Gewicht. Ursache für die Erkältung kann Zugluft, Stress, aber auch Mangelernährung sein. Bringen Sie das Tier zum Tierarzt. Er wird es unter Umständen mit Antibiotika behandeln. Mit Wärme können Sie die Genesung unterstützen. Bestrahlen Sie einen Teil des Käfigs mit einer Rotlichtlampe. Wichtig ist, dass der Zwerghamster der Wärme auch ausweichen kann. Messen Sie die Temperatur im Käfig unter der Lampe. Sie sollte nicht über 30 °C steigen.

Lippengrind Pilze und Bakterien sind auch Ursache für Veränderungen im Schnauzenbereich. Solche Infektionen werden durch Vitaminmangel sowie Stress und falsche Haltung begünstigt. Salben vom Tierarzt und eine Ernährungsumstellung helfen.

Durchfall Bei dieser Erkrankung ist typisch, dass der Zwerghamster wenig aktiv ist und nicht frisst. Seine Afterregion ist verschmutzt. Der Kot wird nicht in Kötteln abgegeben, sondern ist breiig oder gar wässrig. Schließlich verliert er an Gewicht. Brin-

Die wichtigsten **Krankheitssymptome** erkennen

	SYMPTOME	KRANKHEITEN	ERSTE HILFE
VERHALTEN	wenig aktiv, bleibt im Haus, frisst nicht, zittert, kratzt sich, läuft unregelmäßig	alle Krankheiten möglich; Parasiten, Knochenbruch, Hitzeschock	Käfig beschatten; bei Hitzeschock mit feuchten Tüchern kühlen; zum Tierarzt bringen
AUSSEHEN	Durchfall, Aftergegend nass, Scheidenausfluss, Haltung gekrümmt, Gewichtsveränderung, Bauch hart, Hoden treten hervor	Darmerkrankung Scheidenausfluss: Weibchen evtl. im Östrus	Futter prüfen; kein Frischfutter; Wasser geben; zum Tierarzt bringen; Östrus und Hodenschwellung sind normal
FELL UND HAUT	gesträubt, Haarausfall, Geschwüre, Verletzungen	Milbenbefall, Pilzbefall, Tumore, Bisswunden	zum Tierarzt bringen; Behandlung mit Sprays, Salben
NASE	Niesen, Nasenausfluss, Atemgeräusche	Erkältung	Ursache abstellen; Wärmelampe; zum Tierarzt bringen
MAUL	schorfig, Speichelausfluss, Zähne unregelmäßig, Backentaschen sichtbar	Pilze, Bakterien; Zahnanomalie; Backentaschen verklebt	zum Tierarzt bringen
AUGEN	gerötet, verklebt, hervorstehend; tränend, trocken	Augenentzündung, Entropion (→ Seite 43)	zum Tierarzt bringen

gen Sie das Tier sofort zum Tierarzt! Ist die Erkrankung akut, kann der Hamster innerhalb von 24 Stunden sterben, wenn nichts oder das Falsche unternommen wird. Es ist wichtig, dass das Tier trinkt. Tut es das nicht, flößen Sie ihm lauwarmen Kamillentee mit einer Plastikspritze ein – natürlich ohne Nadel. Dazu halten Sie den Zwerghamster fest und spritzen die Flüssigkeit seitlich in das Maul (→ Abb. Seite 43). Reinigen Sie die Afterregion mit etwas Zellstoff. Die Ursache für Durchfall ist oft ungeeignetes oder mit Pestiziden behandeltes Frischfutter. Auch eine Futterumstellung oder das Nagen an ungeeigneten Dingen kann der Grund sein.

Diabetes (Zuckerkrankheit) Bei falscher Ernährung kann ein Zwerghamster zuckerkrank werden. Oft trübt sich dann die Hornhaut des Auges. Außerdem steigt das Körpergewicht, und die Urin-Ecke ist ständig nass. Die Krankheit kann bei Zwerghamstern ab einem Alter von etwa einem Jahr auftreten. Stellt der Tierarzt die Diagnose, ist es meist zu spät. Beugen Sie deshalb vor, und geben Sie Ihrem Zwerghamster niemals Süßigkeiten!

Harte Stellen und Geschwüre Fallen Ihnen Hervorwölbungen der Haut oder harte Stellen im Fell auf? Besonders ältere Tiere haben manchmal solche Beulen unter oder auf der Haut. Geschwüre können aber auch im Körper des Hamsters entstehen. Stellen Sie beim Abtasten einen Knoten fest, kann es sich um ein harmloses Geschwür oder einen Tumor handeln. Die richtige Diagnose kann nur der Tierarzt stellen. In manchen Fällen ist eine Operation möglich. Meist ist es jedoch besser, das Tier damit leben zu lassen, vor allem, wenn es nicht beeinträchtigt wird. Handelt es sich um einen älteren Zwerghamster und/oder leidet er unter Schmerzen, muss der Tierarzt entscheiden, ob es nicht vielleicht besser ist, ihn zu erlösen.

Bisswunden und andere Verletzungen Bisswunden können nur entstehen, wenn mehrere Zwerghamster zusammen in einem Käfig gehalten werden und es zu Kämpfen kommt. Trennen Sie die Streithähne sofort! Wenn Sie zu spät kommen, sollten Sie die Tiere genau untersuchen. Besonders die Afterregion der Tiere ist oft betroffen. Meist heilen die Wunden recht gut von allein ab, und eine Behandlung ist nicht nötig. Hat ein Zwerghamster größere Bisswunden und Verletzungen, zum Beispiel nach einem Sturz aus großer Höhe, muss er zum Tierarzt. Dieser kann beispielsweise durch Röntgenaufnahmen Knochenbrüche diagnostizieren.

Milben- oder Pilzbefall Der Zwerghamster kratzt und putzt sich oft und ist unruhig. Das Fell ist struppig oder fällt sogar stellenweise aus. Ist an diesen Stellen die Haut gerötet oder schorfig, deutet das auf einen Befall mit Haar- oder Räudemilben oder

Eine feuchte Afterregion ist immer ein Alarmsignal – bei Durchfall ist schnelles Handeln wichtig.

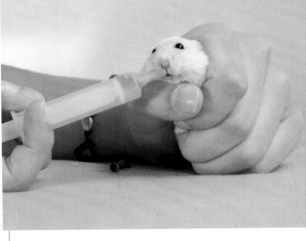

Gut, wenn Ihr Zwerghamster Vertrauen zu Ihnen hat. Falls eine Behandlung nötig ist, können Sie ihn dann so in der schützenden Hand halten.

Flüssigkeitsmangel kann rasch lebensbedrohlich sein. Mit einer Spritze ohne Nadel können Sie dem Tier vorsichtig etwas Wasser verabreichen.

einem Hautpilz hin. Halten Sie den Zwerghamster über einen Bogen weißes Papier, und kämmen Sie sein Fell mit einem kleinen Kamm oder einer Bürste aus. Fallen kleine, sich bewegende Punkte herunter? Dies können Milben sein, vielleicht erkennen Sie sie mit einer Lupe. Sind es Milben, nehmen Sie eine Probe mit zum Tierarzt. Bei einem Befall mit Hautpilzen finden Sie keine Milben. Die Ursache für Parasitenbefall sind oft schwache Abwehrkräfte des Zwerghamsters. Sie entstehen durch schlechte Haltungsbedingungen wie vernachlässigte Käfigpflege oder Mangelernährung. Aber auch übertriebene Sauberkeit kann die Abwehrkräfte schwächen. In jedem Fall sollten Sie das Tier zum Tierarzt bringen. Nur er kann klären, was die Ursachen sein könnten, und die entsprechende Behandlung einleiten.
Augenerkrankungen Als Folge der Haltung auf falschem Untergrund – zum Beispiel Sägespänen – oder bei einer Erkältung können Zwerghamster Bindehautentzündungen bekommen. Auch hier kann nur der Tierarzt helfen. Leider tritt bei man-

chen Campbell-Zwerghamstern die Erbkrankheit Entropion auf. Die Tiere haben dann ständig entzündete Augen, die sich nur schwer behandeln lassen.
Zahnprobleme Bei Zwerghamstern gibt es angeborene oder durch Verletzung erworbene Fehlstellungen der Zähne. Angeborene Anomalien sollten Sie schon beim Kauf erkennen. Hat der Zwerghamster Probleme beim Fressen, kann der Tierarzt eventuell durch Abschleifen der Zähne helfen.

Hände waschen nicht vergessen!

ZOONOSEN Mit diesem Begriff bezeichnet man Krankheiten, die von Tieren auf den Menschen übertragen werden können. Bei Zwerghamstern sind das nur wenige und relativ ungefährliche. Parasiten wie Pilze und Milben können aber auch Menschen befallen. Sie sollten sich nach jedem Kontakt mit einem Tier oder dem Käfig deshalb gründlich die Hände waschen.

Wenn der Zwerghamster Sorgen macht

Außer Krankheiten, die relativ unvermittelt auftreten, können Zwerghamster auch unter Verhaltensstörungen leiden, die sich über längere Zeit entwickelt haben. Vielleicht haben Sie ein ungewöhnliches Verhalten Ihres Zwerghamsters aber schon nach dem Kauf beobachtet. Für all diese Abweichungen gilt, dass sie nicht ohne Weiteres und besonders nicht sofort zu beheben sind. Sie können nur mit sehr viel Geduld dazu beitragen, dass es Ihrem Pflegling irgendwann wieder besser geht.

Stereotypien: für Abwechslung sorgen

Verhaltensstereotypien sind keine Krankheiten im engeren Sinne, sondern erworbene Verhaltensbesonderheiten. Sie weichen vom normalen Verhalten der betreffenden Zwerghamsterart ab: Das Tier tut über längere Zeit ohne Ziel immer das Gleiche. Manche Zwerghamster springen dauernd in einer Ecke des Käfigs hoch. Das ist besonders bei der Haltung in Aquarien der Fall. Andere laufen immer die gleiche Strecke – meist an einer Wand des Käfigs – oder drehen sich ständig im Kreis. Manche schlagen Saltos. Andere nagen beständig am Käfiggitter. Ursache solcher Stereotypien sind meist zu eintönige Haltungsbedingungen (→ Tipp, rechts).

Wenn kein Vertrauen entstehen will

Versteckt sich Ihr Zwerghamster, sobald Sie sich dem Käfig nähern? Machen Sie bei dem Versuch, ihm die Scheu zu nehmen, keinerlei Fortschritte? Wenn Sie Ihren Zwerghamster erst seit kurzer Zeit haben und wenn er vielleicht noch jung ist, sollten

1 BEISSEN Was ist denn das? Mit einer Mischung aus Neugier und Abwehr muss der Hamster den Finger einfach mit einem Biss testen.

2 SCHEU Auch Zwerghamster haben unterschiedliche Charaktere. Manche Tiere werden rasch zutraulich, bei anderen lässt sich das Vertrauen nur mit viel Geduld gewinnen.

3 STEREOTYPIEN Zeigt Ihr Tier immer wieder die gleiche Bewegung? Damit es gar nicht so weit kommt, sollten Sie für reichlich Abwechslung sorgen.

Sie sich noch einmal bewusst machen, dass Zwerghamster Fluchttiere sind. Der Umgebungswechsel und die neue Pflegeperson verunsichern das Tier zunächst. Gönnen Sie ihm einfach noch etwas Zeit, um sich bei Ihnen einzugewöhnen, und versuchen Sie nie, ihn zu etwas zu zwingen. Nur mit viel Ruhe und Geduld können Sie sein Vertrauen wecken. Anders ist die Situation jedoch, wenn Sie Ihren Zwerghamster schon einige Zeit besitzen, er sich bislang normal verhalten hat und dieses veränderte Verhalten plötzlich auftritt. Die Ursache kann eine Erkrankung sein. Kontrollieren Sie sein Aussehen und sein Körpergewicht. Eventuell sollten Sie ihn zum Tierarzt bringen. Liegen keine Anzeichen für eine Krankheit vor, sollten Sie überprüfen, ob das Tier durch äußere Umstände über längere Zeit gestresst wurde. Wurde es während der Schlafenszeit am Tag nachhaltig gestört? Gehen Ihre Kinder nicht richtig mit ihm um? Jüngere Kinder sind oft ungeduldig und verlangen dem neuen Hausgenossen zu viel ab. Erklären Sie ihnen, dass sich der Hamster langsam an den Pfleger gewöhnen muss und während seiner Ruhezeit nicht geweckt werden darf.

Der Zwerghamster beißt

Zwerghamster beißen entweder aus Neugier oder wenn sie sich bedroht fühlen. Werden Sie tatsächlich einmal von Ihrem Zwerghamster in den Finger gebissen, brauchen Sie sich aber keine Sorgen zu machen: Die Bisse sind harmlos und heilen meist von selbst. Kommt es öfter zu Bissen, sollten Sie überlegen, woran es liegt: Am ehesten beißen die Tiere zu, wenn sie ungeschickt angefasst werden. Haben Sie es im Umgang mit Ihrem Tier vielleicht an Geduld fehlen lassen? Vergessen Sie nicht: Sie können einen Zwerghamster nur mit viel Ruhe und Schritt für Schritt an sich gewöhnen.

Vorbeugen ist wichtig!

TIPPS VOM
HAMSTER-EXPERTEN
Peter Fritzsche

Zeigt Ihr Zwerghamster einmal Stereotypien, ist es schwierig, dieses manifestierte Verhalten wieder abzutrainieren. Beugen Sie deshalb vor! Bei einem artgerecht gehaltenen Zwerghamster dürften keine Stereotypien auftreten.

GENÜGEND PLATZ Wichtig an erster Stelle ist ein großer Käfig. Er sollte mindestens 60 cm breit sein, besser sind jedoch 80 cm (→ Seite 22/23).

BEWEGUNG In der Natur muss ein Zwerghamster sein Futter selber suchen und legt dabei weite Strecken zurück. Bei Ihnen bekommt er es täglich serviert. Sorgen Sie deshalb für viel Bewegung. Trotz vielem Für und Wider hat sich ein Laufrad als nützlich erwiesen. Auch Etagenbretter im Käfig sowie Brücken und Rampen sind sinnvoll.

BESCHÄFTIGUNG Aktivität bringt Abwechslung in den Zwerghamster-Alltag. Überfrachten Sie den Käfig aber nicht mit Spielzeug. Und tauschen Sie die Sachen regelmäßig aus, damit sie interessant bleiben. Verstecken Sie ab und zu ein Leckerli im Käfig. Auf jeden Fall könnte es alle 14 Tage bis drei Wochen eine lebende Heuschrecke geben.

Nachwuchs bei Zwerghamstern

Eins vorweg: Ich kann Ihnen nicht empfehlen, Zwerghamster selbst zu züchten. Natürlich ist es interessant, die kleinen Hamster zu verpaaren und das Werfen sowie die Aufzucht der Jungen zu beobachten. Allerdings muss man sich über die Konsequenzen im Klaren sein:

› Als Heimtiere gehaltene Zwerghamster können sich das ganze Jahr über paaren. Außerdem können Zwerghamsterweibchen unmittelbar nach der Geburt wieder gedeckt werden. Entsprechend schnell bekommen sie dann erneut Junge. Bei ungefähr sechs Jungen pro Wurf kommt hier schnell eine Menge Nachwuchs zusammen.

› Als Nächstes stellt sich die Frage: Wohin mit den Kleinen? Der Zoofachhandel ist meist nicht interessiert, da er seine Tiere von professionellen Züchtern bekommt. Und Sie werden sicher nicht genügend private Abnehmer für den Nachwuchs finden.

› Es ist auch problematisch, Zwerghamster wahllos zu verpaaren. Nur erfahrene Züchter wissen, welche Tiere sie verpaaren dürfen, um gesunden Nachwuchs zu erhalten. Auch darf man nie verschiedene Arten wie etwa Campells Zwerghamster und Dsungarischen Zwerghamster verpaaren! Der Nachwuchs ist anfälliger für Krankheiten.

Trotzdem möchte man als Zwerghamsterfreund natürlich wissen, wie sich die Tiere vermehren. Außerdem kann es passieren, dass Sie eines Tages ein Fiepen und Piepsen aus dem Hamsterhäuschen hören: Ihr kürzlich erworbenes Weibchen hat Junge! Denn oft werden in der Zoohandlung Männchen und Weibchen in einem Käfig gehalten. So kann es passieren, dass ein Weibchen bereits trächtig ist, bevor es verkauft wird.

Die Paarung bei Zwerghamstern

Zwerghamsterweibchen sind etwa alle vier Tage eine Nacht lang empfängnisbereit. In der Natur ist das nur im Frühling und Sommer der Fall. In der Heimtierhaltung kann man den Zyklus der Weibchen jedoch das ganze Jahr über beobachten. Bei Campbells Zwerghamstern ist die Nacht der Empfängnisbereitschaft – der Östrus – recht genau voraussagbar. Bei den Weibchen der Dsungarischen Zwerghamster ist der Östrus dagegen unregelmäßiger. Die beiden anderen Arten liegen etwa in der Mitte. Die Männchen erkennen die Paarungsbereitschaft am Verhalten der Weibchen. Diese laufen dann nicht mehr weg.

Schwierige Partnerwahl Übrigens kann man bei Zwerghamstern nicht einfach Männchen und Weibchen zusammensetzen. Besonders Dsungarische Zwerghamster, aber auch Roborowski-Zwerghamster sind bei der Partnersuche sehr wählerisch. Finden sie keinen Gefallen aneinander, kann es zu Beißereien und tödlichen Kämpfen kommen (→ Seite 12).

Fürsorgliche Hamsterväter

Es ist bei Säugetiereltern nicht selbstverständlich, dass die Väter bei der Aufzucht der Jungen helfen. Bei den Zwerghamstern beteiligen sich besonders Roborowski-Väter bei der Versorgung des Nachwuchses. Aber auch die Väter von Campbells Zwerghamster aus bestimmten Regionen helfen den Weibchen bei der Pflege. Wissenschaftler sprechen dann von »biparentaler Brutpflege«.

WINZIG Ein neugeborenes Zwerg-hamsterbaby wiegt gerade mal 1–2 Gramm – weniger als ein Blatt Papier im DIN-A4-Format. Die Kleinen sind Nesthocker und völlig hilflos. Weil sie weder allein fressen noch laufen oder Wärme erzeugen können, müssen sie gefüttert und gewärmt werden. Meist übernimmt die Mutter diese Aufgabe alleine. Die Kleinen machen mit Ultraschalllauten auf sich aufmerksam. In der Zeit der Auf-zucht braucht die Mutter unbedingt Ruhe und darf nicht gestört werden.

ZURÜCK INS NEST Schon nach etwa einer Woche können die Jungen laufen. Dann hat die Mutter viel zu tun, die kleinen Ausflügler wieder ins Nest zurückzubefördern. Meist packt sie die Kleinen mit den Zähnen im Nacken. Dieses so genannte Eintrageverhalten ist genetisch pro-grammiert und hält etwa bis zum 18. Lebenstag der Jungen an. Übrigens: Ihre Jungen erkennt die Zwerghamstermutter am Geruch.

ENTWÖHNUNG Bereits mit etwa drei Wochen sind die Jungen selbstständig und können sich allein ernähren. Und schon nach einer weiteren Woche gehen sie ihre eigenen Wege.

Der Lebenszyklus der Zwerghamster

Die Trächtigkeit dauert bei allen vier Zwerghamster-arten im Durchschnitt 18 bis 20 Tage. Umfang und Gewicht der Weibchen nehmen während dieser Zeit beträchtlich zu. Kurz vor dem Werfen beginnen die Weibchen, emsig Nestmaterial zu sammeln und ein Wurfnest vorzubereiten. Sie sollten ihnen dann am besten etwas Zellstoff zur Verfügung stellen. Wäh-rend der Trächtigkeit und beim Stillen der Jungen sollte die Mutter außerdem häufiger eiweißreiche Nahrung (z. B. Magerquark) erhalten.

Geburt

Meist in den Morgenstunden bringt dann das Weib-chen ein Junges nach dem anderen zur Welt. Die Geburt dauert etwa eine Stunde. Sofort danach leckt die Mutter die Kleinen sauber und beginnt sie zu säugen. Während der Geburt sind die Zwerg-hamsterweibchen besonders empfindlich gegen-über Störungen. Meinen sie, dass Gefahr für die Jun-gen besteht, kann es passieren, dass sie die gerade geborenen Hamster auffressen. Dieses Verhalten ist

Entdecker auf vier Pfötchen: Junge Zwerghamster sind besonders agil und an allem interessiert. Wie sie in diesem Entwicklungsabschnitt gehalten werden, kann sie für ihr weiteres Leben prägen.

nicht etwa eine Verhaltensstörung, sondern ein natürlicher Schutzmechanismus. Der Grund: Für die Aufzucht der Jungen benötigt die Mutter sehr viel Energie. Diese Energie wäre verschwendet, wenn die Jungen relativ bald Feinden zum Opfer fielen. So ist es besser, bei Gefahr den Wurf zu fressen und schnell wieder neue Junge zu bekommen, die in friedlicher Umgebung aufwachsen können.

Entwicklung der Zwerghamster

Zwerghamsterjunge sind Nesthocker. Sie kommen nackt und blind zur Welt und sind völlig hilflos. Ihre Haut ist rötlich bis rosa. Werden sie nicht von der Mutter oder manchmal auch vom Vater gewärmt, erfrieren sie. Die Babys wiegen bei der Geburt nur 1–2 Gramm. Dann aber nehmen sie rasant zu.

> Bereits am vierten Tag sind sie doppelt so schwer, und auch ihr Fell beginnt kräftig zu wachsen. Ab diesem Tag ist ihr Geruchssinn so weit entwickelt, dass sie ihr eigenes Nest erkennen können. Wahrscheinlich können sie auch schon hören. Fühlen sie sich von der Mutter verlassen, geben sie Rufe im Ultraschallbereich von sich. Diese sind für die Mutter hörbar, nicht aber für potenzielle Räuber.

> Ab dem sechsten Tag beginnen sie, auf allen vieren umherzukrabbeln. Es dauert noch eine reichliche Woche, bis die Zwerge die Augen öffnen. Im Alter von etwa 15 Tagen können sie schließlich sehen.

> Zwerghamsterjunge werden etwa drei Wochen von der Mutter gesäugt. Danach können sie ihr Futter selbst finden und unternehmen auch den ersten Ausflug aus dem Zwerghamsterbau.

> Nach neueren Erkenntnissen verlässt die Mutter die vier Wochen alten Hamster. Sie stellt ihnen den Bau noch eine Weile als Schutz zur Verfügung.

> Wenn sie etwa 40 Tage alt sind, können Zwerghamster zum ersten Mal selbst Junge bekommen.

Zwerghamstersenior: Wenn die Aktivität immer mehr nachlässt und das Fell struppig wird, sind dies deutliche Zeichen, dass das Tier alt wird.

Ein kurzes Leben

In der Natur sterben im April oder Mai geborene Tiere wohl im Herbst des nächsten Jahres. Als Heimtiere gehaltene leben zwei bis drei Jahre, selten etwas länger. Dass Ihr Zwerghamster alt wird, können Sie an seinem veränderten Verhalten sehen.

> Ältere Tiere kommen abends nicht sofort aus dem Häuschen und benutzen auch das Laufrad seltener.

> Das Fell wird struppig, die Tiere fressen weniger, und das Körpergewicht nimmt ab.

> Eines Tages werden Sie Ihren Hamster zusammengerollt leblos im Schlafhäuschen finden. Eltern sollten ihren Kindern rechtzeitig erklären, warum ihr Hamster bald sterben wird. Sagen Sie ihnen, dass er es bei ihnen gut hatte, aber dass das Hamsterleben nun einmal kurz ist. Begraben Sie mit Ihren Kindern das Tier im Garten. Die kleine Zeremonie hilft, über den Schmerz hinwegzukommen.

Beschäftigung hält fit

Zwerghamster sind sehr agil und lebhaft. Wahrscheinlich sind sie in ihrer Aktivitätszeit nach Sonnenuntergang mehr unterwegs als Goldhamster. Weil aber auch der größte Käfig nur ein sehr begrenzter Lebensraum ist, sollten Sie den Tieren durch eine geeignete Einrichtung so viel Bewegung wie möglich verschaffen.

Immer auf Achse

Wer einmal Zwerghamster in der Natur beobachtet hat, staunt, wie schnell die Tiere über weite Strecken unterwegs sind. Dabei zeigt sich auch, dass die Tiere recht flexibel sind. Wilde Zwerghamster sind beispielsweise nicht so sehr an einen bestimmten Bau gebunden. Bietet sich auf ihren Streifzügen der verlassene Bau anderer Tiere an, nutzen sie ihn zum Übernachten.

In einem Forschungsprojekt an der Universität Halle-Wittenberg untersuchen wir mit unserer »Ringmethode« die Aktivität und Bautreue von *Phodopus*-Zwerghamstern. Dazu pflanzt man den Tieren einen winzigen Transponder unter die Haut. Auf die Baueingänge legt man Plastikringe, in denen zwei Lichtschranken und Antennen integriert sind. Kriecht ein Zwerghamster durch diesen Ring, wird das von einem angeschlossenen System registriert. So kann genau erfasst werden, welcher Zwerghamster wann den Bau aufsucht oder verlässt. Die ersten Ergebnisse weisen darauf hin, dass die Tiere auf der Suche nach Futter oder einem Fortpflanzungspartner erstaunliche Aktivitäten entwickeln.

Hometraining

Nur wenn man diesem aktiven Verhalten gerecht wird, können Zwerghamster auch als Heimtiere glücklich werden.

› Halten Sie Zwerghamster nur in einem Käfig, der eine ausreichend große Grundfläche besitzt und mit Etagenbrettern sowie weiteren Möglichkeiten zum Klettern und Laufen ausgestattet ist.

› Gestalten Sie den Käfig mit Kletterästen, Laufrad, Wippen, Röhren und vielem mehr zum Erlebnisparcours. Der Zoofachhandel bietet eine reiche Auswahl, und versierte Bastler können das eine oder andere Element auch selbst herstellen.

So wird der Käfig zum Erlebnis

Im Zoofachhandel gibt es eine reiche Auswahl an Käfigzubehör. Manchmal wird dort auch so genanntes Hamsterspielzeug angeboten. Der Begriff ist irreführend: Nagetiere, so auch alle Hamster, spielen nicht, sondern erkunden ihre Umwelt nach Fressbarem und nach Rohstoffen für den Nestbau. Weil diese Aktivitäten bei der Heimtierhaltung nur sehr eingeschränkt möglich sind, dient sinnvolles Käfigzubehör als Ersatz. Es soll den Erkundungs-

drang herausfordern und erreichen, dass der Zwerghamster sich bewegt und neue Erfahrungen machen kann. Häuschen mit mehreren Etagen, kleine Leitern oder Wippen kommen dem Kletterbedürfnis der Zwerghamster entgegen. Auch Gegenstände mit Höhlen und Öffnungen, durch die die Tiere kriechen können, sind gut geeignet. Die Öffnungen sollten aber mindestens 3,5 cm Durchmesser haben, damit sich die Tiere nicht einklemmen. Im Prinzip ist alles geeignet, womit sich das Tier nicht verletzen oder in Gefahr bringen kann.

Geeignete Materialien

Sowohl bei gekauftem als auch bei selbst gemachtem Käfigzubehör sollten Sie auf geeignete Materialien achten. Geben Sie Gegenständen aus unbehandeltem Holz, unbedruckter Pappe, Ton, Sisal oder ungiftiger Modelliermasse den Vorzug vor bunt lackierten Exemplaren. Zwerghamster nagen an allem, und Farben und Lacke schaden ihnen.

Holz Material für Bretter, Brücken oder Treppchen bekommen Sie in jedem Baumarkt. Dort gibt es auch sehr günstig Holzabfälle. Am besten eignet sich Kiefern- oder Fichtenholz, das 15–20 mm dick ist. Es darf nicht mit Holzschutzmitteln behandelt sein. Auch furniertes oder einseitig beschichtetes Holz ist ungeeignet.

Ton und andere Materialien Ton gibt es in Weiß oder Braun abgepackt in gut sortierten Bastelgeschäften zu kaufen. Sie können daraus Höhlen und

Ein geeignetes Laufrad: groß genug, einseitig geschlossen und mit durchgehender Lauffläche.

Anknabbern und durchkrabbeln: Dank der Bohrungen wird der Ast zum Zubehör mit Multifunktion. Holz ist das ideale Material für Käfiginventar.

Vorsicht beim Spielzeugkauf

VERMEIDEN Kaufen Sie nicht bedenkenlos alle als »Hamsterspielzeug« angebotenen Artikel. So sind zum Beispiel Hamsterautos oder die allseitig geschlossenen Hamsterkugeln völlig ungeeignet und eine Tierquälerei. Die Tiere können sich nicht aus ihnen befreien und erleiden großen Stress.

DIE NATUR ALS VORBILD Am besten stellen Sie sich vor, wie Zwerghamster in der freien Natur leben, und beurteilen danach, ob das angebotene Beschäftigungsmaterial geeignet ist.

SICHERHEIT Achten Sie sowohl bei gekauften als auch bei selbst gebauten Teilen darauf, dass keine spitzen Enden, Nägel oder Schrauben hervorstehen, an denen sich die Tiere verletzen können.

Schalen formen und einfach an der Luft trocknen lassen oder im Herd bei etwa 250 °C brennen.

Gasbeton, Karton und Pappmaché Gasbetonsteine (Ytong) lassen sich relativ leicht mit der Säge oder mit einem Meißel bearbeiten. Mit Letzterem können Sie auch kleine Höhlungen in den Block einarbeiten. Unbedruckter Karton lässt sich mit einer starken Schere in Form bringen und mit Holzkaltleim verkleben. Oder Sie wickeln mehrere Lagen mit Tapetenkleister verleimtes Zeitungspapier um Luftballons. Nach dem Trocknen entfernen Sie den Luftballon und schneiden Öffnungen in das Pappmaché: So entstehen prima Hamsterhöhlen.

Das Laufrad

Sie kennen sicher das sprichwörtliche »Hamsterlaufrad«. Es hat einen negativen Beiklang, und entsprechend viel ist schon über sein Für und Wider diskutiert worden. Während die einen sagen, dass es die Langeweile im Hamsterleben vertreibt, meinen andere, dass es den Hamster »süchtig« macht. Wissenschaftliche Untersuchungen geben eine Antwort. In Experimenten, an denen ich beteiligt war, wurden das Verhalten von Hamstern mit und ohne Laufrad verglichen. Mein Fazit: Ich empfehle, den Käfig mit einem Laufrad auszustatten. Hamster mit Laufrad zeigen weniger Verhaltensstörungen, bilden mehr Muskeln aus, sind gesünder und haben mehr Nachkommen als Artgenossen in einem Käfig ohne Rad. Allerdings ist Laufrad nicht gleich Laufrad. So muss ein Laufrad für Zwerghamster einen Mindestdurchmesser von 20 cm aufweisen. Eine Seite des Laufrads sollte geschlossen sein. Auch die Lauffläche sollte geschlossen sowie ca. 6 cm breit sein. Laufräder aus Metall mit Speichen als Lauffläche sind ungeeignet. Das Tier kann darin hängen bleiben und sich verletzen.

Das bringt Schwung ins Zwerghamsterleben

Die Bandbreite an sinnvollem Käfiginventar ist groß. Sie reicht von simplen Ästen über eine Wippe bis zum raffiniert gestalteten Kletterturm.

1 Vielseitig: der Würfel

So ein Würfel mit den vielen Öffnungen lädt ja geradezu zum Entdecken ein! Die Löcher haben eine zwerghamstergerechte Größe und bieten so den beruhigenden Wandkontakt. Hat der Hamster den Würfel erst einmal erobert, fühlt er sich dort so sicher wie in einer Burg.

2 Auf und ab: die Wippe

Ob Ihr Zwerghamster solch eine Wippe mag, müssen Sie selbst testen. Findet er Gefallen daran, über die Wippe zu balancieren wie über wackelige Äste in der Natur? Fragt sich, wer mehr Spaß an dem Balanceakt hat – Ihr Hamster oder Sie beim Zusehen.

3 Geborgen im Heu

Im Heu sind Zwerghamster in ihrem Element, und deshalb ist es wichtig, dass immer reichlich Heu im Käfig liegt. Neben der gesundheitsfördernden Wirkung für die Verdauung kann sich Ihr Zwerghamster in einer solchen Heuschale natürlich prima verstecken. Alternativ können Sie auch eine Schale mit frischem Gras, das sie auf etwas Erde aussäen, anbieten. Auch käufliches Katzengras eignet sich. Ihr Zwerghamster wird diese Verstecke lieben!

4 Wühlen in der Grabekiste

Ebenfalls in ihrem Element fühlen sich Zwerghamster in einer Grabekiste. Füllen Sie dazu einfach eine kleine Holzkiste aus dem Baumarkt mit Spielsand. Schon kann der Zwerghamster sein angeborenes Grabebedürfnis nach Herzenslust ausleben.

5 Wie im Hamsterbau: Röhren

Ihr Zwerghamster wird es lieben, durch Röhren zu krabbeln. Das Kriechen durch solche Gänge kommt seinem natürlichen Verhalten sehr nahe. Passende Röhren gibt es in vielen Varianten. Entweder Sie bietem Ihrem Pflegling die leeren Pappröhren von Küchenpapierrollen oder Toilettenpapier an. Oder Sie besorgen spezielle Plastikröhren aus dem Zoofachhandel. Mit solchen Röhren kann man zum Beispiel auch das Hamsterhäuschen mit einem zweiten Haus verbinden, das als Futterlager dient. Es gibt im Fachhandel auch Tunnelsysteme, in denen sich die Tiere fast wie in einem echten Hamsterbau fühlen können.

6 Hoch hinauf: ein Kletterturm

Eine prima Abwechslung im Hamsterheim ist ein Kletterturm. Sie können ihn im Zoofachhandel kaufen oder selber bauen. Die Teile lassen sich leicht aus Holzabfällen aussägen. Mit einer Lochkreissäge, die man in die Bohrmaschine einspannt, sägt man die Öffnungen zum Hineinkriechen aus. Nageln oder schrauben Sie den Turm aber nicht zusammen – die Gefahr ist groß, dass sich das Tier an den Metallenden verletzt. Verbinden Sie die Teile besser mit Holzkaltleim, und lackieren Sie Ihr Werk, damit es sich länger hält und leichter zu säubern ist. Nehmen Sie dafür ungiftigen Kinderspielzeuglack (Baumarkt). Einen Tag trocknen lassen – und dann können Sie den kleinen Klettermaxe bei der ersten Turmbesteigung beobachten.

Ein Freilaufparcours sorgt für Abwechslung

Auch in einem großen, vorbildlich eingerichteten Käfig kann ein Zwerghamster seinen Bewegungsdrang nicht ausleben. Anders als bei Meerschweinchen oder Zwergkaninchen dürfen Sie aber nicht einfach die Käfigtür öffnen und Ihren Pflegling im Zimmer oder gar auf dem Balkon oder im Garten laufen lassen. Denn wegen seiner geringen Größe und seiner Schnelligkeit ist er kaum zu kontrollieren, und meist ist es schwierig, ihn wieder einzufangen. Außerdem lauern hier viel zu viele Gefahren.

Die Lösung ist ein Freilaufparcours: Dazu grenzen Sie eine Fläche rund um den Käfig ab. Im Fachhandel und besonders im Internet-Versandhandel gibt es fertig vorbereitete Parcours-Umgrenzungen zu kaufen. Oder Sie bauen die Umgrenzung aus 30 cm breiten Brettern aus dem Baumarkt selbst. Kleben Sie bei zwei Brettern an beide Enden im Abstand der Brettstärke je zwei schmale Holzstreifen an. So entsteht eine Fuge, in die Sie die beiden anderen Bretter stecken können. Ein solcher Parcours ist mit

Schöner wohnen: In so einem Freilaufparcours kann Ihr Zwerghamster auf ausgedehnte Erkundungstouren gehen. Ist die Käfigtür geöffnet, sollten Sie das Tier aber nie ohne Aufsicht lassen.

wenigen Handgriffen auf- und abzubauen. Wie beim Käfig gilt auch beim Parcours: Je größer, umso besser.

Der Parcours als Abenteuerspielplatz

Geben Sie Käfig und Parcours am besten einen festen Platz. Konstruieren Sie das Ganze so, dass der Zwerghamster den Parcours bei Bedarf durch die geöffnete Käfigtür über eine kleine Rampe betreten kann. Auf den Boden legen Sie ein altes Laken. Es schont den Boden und lässt sich leicht waschen.

› Errichten Sie aus Holzabfällen und Ästen Höhlensysteme, die der Zwerghamster erkunden kann.

› Aus Holz oder Steinen können Sie ein Labyrinth bauen. Sie werden staunen, wie rasch der Zwerghamster lernt, den schnellsten Weg zu finden.

› Stellen Sie im Parcours einen größeren Behälter mit Sand oder Torfmull auf. Eine Rampe dient als Einstiegshilfe: Jetzt kann Ihr Zwerghamster seiner Lust am Graben endlich freien Lauf lassen.

› Raffiniert ist eine »Hamsterwiese«: Säen Sie in einer Schale mit Erde oder Zellstoff Weizen oder Grassamen aus. Stellen Sie sie ans Fenster, und gießen Sie sie regelmäßig. Sind die Pflänzchen 5–10 cm groß, darf Ihr Zwerghamster durch den »Mini-Dschungel« streichen und an den Halmen knabbern.

› Verstecken Sie kleine Futterstückchen im Parcours – das regt den Erkundungsdrang Ihres Zwerghamsters garantiert an.

Der Zwerghamster ist weg

Trotz aller Vorsicht kann es irgendwann passieren: Ihr Zwerghamster ist weg! Schließen Sie alle Türen. Hören Sie irgendwo Geräusche? Haben Sie den kleinen Flüchtling entdeckt, versuchen Sie ihn mit einem Plastikgefäß oder einer Schachtel einzufangen. Bringen Sie die Öffnung in die Nähe des Tieres und nähern Sie sich von der anderen Seite mit der

Hand. Vielleicht läuft der Zwerghamster in die schützende »Höhle«. Einfacher geht es mit einer Lebendfalle (Zoofachhandel). Mit Rosinen oder Erdnüssen bestückt, ist sie für den Zwerghamster unwiderstehlich. Ein anderer Trick: Legen Sie ein Tuch auf einen 5-Liter-Plastikeimer und darauf das Lieblingsfutter des Hamsters. Dann ein Brett an den

Fast geschafft! Jeder Zwerghamster ist ein begabter Klettermaxe und kann selbst durch die kleinsten Spalten rasch entwischen.

Eimer als Rampe lehnen. Die Falle im Zimmer aufstellen und alleine lassen. Ziemlich sicher klettert Ihr Zwerghamster zum Eimerrand und fällt hinein.

Zwerghamster beobachten

Wenn Sie Ihren Hamster besser kennenlernen möchten, können Sie mit den folgenden Methoden selbst ein wenig zum »Hamsterforscher« werden.

Gewichtskontrolle Um den Allgemeinzustand Ihres Zwerghamsters beurteilen zu können, sollten Sie ihn jede Woche wiegen. Am besten geht das mit einer Küchenwaage mit digitaler Anzeige. Locken Sie den Zwerghamster mit einem Leckerli in ein Gefäß, aus dem er nicht so schnell herauskann, und stellen Sie es auf die Waage. Notieren Sie das Gewicht. Dann setzen Sie den Zwerghamster zurück in den Käfig und wiegen das leere Gefäß. Wenn Sie diesen Wert vom Gesamtgewicht abziehen, haben Sie das Gewicht Ihres Zwerghamsters. Führen Sie eine Liste, denn Gewichtsveränderungen geben Hinweise auf den Gesundheitszustand Ihres Tieres.

Tagesaktivität Zeigt Ihr Zwerghamster eine regelmäßige Aktivitätszeit? Ändert sie sich im Jahresverlauf? Versuchen Sie so oft wie möglich, die Aufwachzeit des Hamsters in eine Tabelle einzutragen. Eine Grafik macht Veränderungen, zum Beispiel im Vergleich vom Winter zum Sommer, besonders

Körperpflege mit System: Die Abfolge der Putzhandlungen ist Zwerghamstern angeboren. Sorgfältige Pflege gehört für sie zum »Wellnessprogramm«.

deutlich. Für versierte Bastler: Bringen Sie am Laufrad einen kleinen Magnetschalter an, der mit einem Zähler verbunden ist. So können Sie die täglichen Laufradumdrehungen messen. In unserem Institut messen wir die Aktivität der Hamster auch mit Lichtschranken oder kleinen Bewegungsmeldern. Sie registrieren die Bewegungen der Tiere. Ein kleines Computerprogramm zeichnet sie auf.

Lernvermögen Wie intelligent ist Ihr Tier? Messen Sie, wie schnell es mit neuen Herausforderungen fertig wird: Lassen Sie es durch ein Labyrinth laufen, am Ziel gibt es eine Belohnung. Stoppen Sie die Zeit, die der Hamster braucht, und registrieren Sie die Fehlerquote. Nach wie vielen Durchläufen kennt Ihr Hamster den Weg, ohne zu zögern?

Verhalten aufzeichnen

Viele Menschen besitzen heute eine Digitalkamera. Sie ist ein hervorragendes Instrument, um Ihren Zwerghamster zu beobachten. Fertigen Sie mit ihrer Hilfe einen Verhaltenskatalog Ihres Zwerghamsters an. Dazu fotografieren Sie typische Verhaltensweisen. Wenn Ihre Digitalkamera Videoaufzeichnungen zulässt oder Sie sogar einen Camcorder besitzen, lässt sich typisches Verhalten auch als kleine Videosequenz speichern. Gibt Ihr Zwerghamster Laute von sich? Nehmen Sie sie mit einem kleinen Mikrofon auf dem Computer auf. In einem Internetforum können Sie mit anderen Zwerghamsterfreunden oder mit mir diskutieren. Wichtig: Achten Sie darauf, dass Ihre Beobachtungen für den Zwerghamster nicht zum Stress werden!

So putzt sich Ihr Zwerghamster

TIPPS VOM
HAMSTER-EXPERTEN
Peter Fritzsche

Welche Körperteile in welcher Reihenfolge geputzt werden, ist bei Zwerghamstern nicht zufällig, sondern in den Genen festgelegt. Die Abfolge der Putzhandlungen – die Putzsequenz – gibt auch Aufschluss darüber, ob es Ihrem Zwerghamster gut geht. Notieren Sie die Putzhandlungen über einen längeren Zeitraum, oder zeichnen Sie sie per Video auf.

1. LECKEN Ablecken und Einspeicheln des Fells überall da, wo der Zwerghamster hinkommt.
2. KNABBERN Durcharbeiten des Fells mit den Zähnen.
3. ABWECHSELNDES PUTZEN Die Vorderbeine werden nacheinander oder einzeln eingesetzt.
4. GLEICHZEITIGES PUTZEN Die Vorderbeine putzen synchron.
5. KRATZEN Die Hinterbeine kratzen einzeln.

Wie oft treten die fünf Putzhandlungen auf? Welche Putzhandlung folgt wie oft auf welche (Kreuztabelle)? Wiederholen Sie das Experiment ein paar Tage später, und vergleichen Sie die Ergebnisse. Verändert sich die Sequenz, kann dies ein Anzeichen für Verhaltensstörungen sein.

Die **halbfett** gesetzten Seitenzahlen verweisen auf Abbildungen, U = Umschlag, UK = Umschlagklappe.

Die Inhalte dieses Buches beziehen sich auf die Bestimmungen des deutschen Tier- bzw. Artenschutzes. In anderen Ländern können die Angaben abweichend sein. Erkundigen Sie sich daher im Zweifelsfall bei Ihrem Zoofachhändler oder bei der entsprechenden Behörde.

Adressen

Vereine/Verbände
> Bundesarbeitsgruppe Kleinsäuger e. V., Binzer Str. 11, 04207 Leipzig (nur Fragen zur Haltung möglich!), www.bag-kleinsaeuger.de
> Bundesverband für fachgerechten Natur- und Artenschutz e. V. (BNA), Ostendstr. 4, 76707 Hambrücken, www.bna-ev.de

---

Wichtiger **Hinweis**

> Kranker Zwerghamster **Treten bei Ihrem Zwerghamster Krankheitsanzeichen auf, gehört er in die Hand des Tierarztes.**

> Ansteckungsgefahr **Nur wenige Krankheiten sind auf den Menschen übertragbar. Weisen Sie Ihren Arzt auf Ihren Tierkontakt hin. Das gilt besonders, wenn Sie von einem Tier gebissen wurden.**

> Tierhaarallergie **Manche Menschen reagieren allergisch auf Tierhaare. Wenn Sie sich unsicher sind, fragen Sie vor dem Kauf eines Hamsters den Hausarzt.**

Der BNA ist Dachverband privater Tierhalter, Vereine und Verbände und vertritt die Interessen der Tierhalter vor allem beim Artenschutz. Außerdem werden Schulungen für Zoohändler und Privatpersonen angeboten.
> Institut für Tierschutz und Verhalten (Tierschutzzentrum), Bünteweg 2, 30559 Hannover, www.tierschutzzentrum.de
> BPT-Bundesverband praktizierender Tierärzte e. V., www.smile-tierliebe.de
Über das Online-Tierärzteverzeichnis des BPT finden Sie Tierärzte in Ihrer Nähe.
> Rassezuchtverband Österreichischer Kleintierzüchter (RÖK), Geschäftsstelle: Mollgasse 11–13, A-1180 Wien, www.kleintierzucht-roek.at
> Österreichischer Tierschutzverein, Kohlgasse 16, A-1050 Wien, www.tierschutzverein.at
> Schweizer Tierschutz (STS), Dornacherstr. 101, CH-4008 Basel, www.tierschutz.com
> National Hamster Council (NHC), P.O.Box 4, Llandovery, SA20 0ZH, UK, www.hamsters-uk.org (engl.) Der NHC ist der älteste Hamster-Club der Welt mit Sitz in England.

Fragen zur Haltung beantworten

Ihr Zoofachhändler und der Zentralverband Zoologischer Fachbetriebe Deutschlands e. V. (ZZF) Tel.: 06 11 / 44 75 53 32 (nur telefonische Auskunft möglich: Mo 12–16 Uhr, Do 8–12 Uhr), www.zzf.de

Zwerghamster im Internet

> www.hamsterinfo.de
> www.hamsterseiten.de
> www.hamsternest.de
> www.die-hamsterseite.de
> www.phodopus.de
> www.zwerghamster.de

Diskussionsforen
> www.hamsterforum.de
> www.hamsterforum.ch
> www.zoologie.uni-halle.de/allgemeine_zoologie
> www.das-hamsterforum.de
> www.hamstersuche.de

Informationen über giftige Pflanzen finden Sie unter
> www.giftpflanzen.ch
> www.botanicus.de

Bücher

> Flindt, W. E.: Die Zwerghamster der Paläarktischen Fauna. Die neue Brehm Bücherei Bd. 366. Westarp Wissenschaften, Hohenwarsleben
> Fritzsche, P.: Mein Hamster. Gräfe und Unzer Verlag, München
> Fritzsche, P.: Goldhamster. Gräfe und Unzer Verlag, München
> Göbel, T./Ewringmann, A.: Heimtierkrankheiten. Ulmer Verlag, Stuttgart
> Honigs, S.: Zwerghamster. Biologie, Haltung, Zucht. Natur und Tier Verlag, Münster

Zeitschriften

> Rodentia. Natur und Tier-Verlag GmbH, Münster
> Ein Herz für Tiere. Gong Verlag, Ismaning